聖經導論叢書

啟示錄導論

吳獻章◎著

基道出版社

▼

聖經導論叢書

啟示錄導論

Introduction to the Book Revelation

作者
吳獻章

系列主編
黃錫木、黃浩儀

責任編輯
何敏璇

裝幀設計
郭曉勤

■

出版／發行
基道出版社
香港沙田火炭坳背灣街 26 號富騰工業中心 10 樓 1011 室
LOGOS PUBLISHERS
Unit 1011, 10/F, Fo Tan Ind. Centre, 26 Au Pui Wan St., Shatin, Hong Kong
電話：(852) 2687-0331　傳真：(852) 2687-0281
網址：https://www.logos.com.hk

承印
陽光（彩美）印刷有限公司

●

10/2003 初版
Cat. No. LP150B
ISBN-10: 962-457-242-9
ISBN-13: 978-962-457-242-1

刷次	15	14	13	12	11	10	9	8	7	
年份	2030	2029	2028	2027	2026	2025	2024	2023	2022	2021

聖經導論叢書

回顧過去二、三十年神學教育的發展，港台兩岸華人的神學教育工作者可算是人才濟濟，但高學術價值和可讀性兼備、又能適切華人處境的教材依然相當缺乏；今天的華人教會仍然不能逃避「不懂英語就不能念神學」這咒詛。要徹底解決這問題，必須動員整體華人教會的關注和支持，而非一人之力所能承擔。今天的神學生，就是明天教會的牧者和領袖，今日栽培不力，他朝恐難有成。

「聖經導論叢書」反映教會對神學教育質素的關注。這一套十多冊的叢書，原先的計劃是由崇真會救恩堂發起和資助，由香港基道出版社出版。有教會主動支持這跨宗派的學術出版計劃，可說是史無前例的創舉；在上帝的保守和帶領下，期望這套書的面世，能為華人神學教育奠定一鞏固的基礎。（香港）國際聖經協會曾於二〇〇〇至二〇〇一年間加入，與基道出版社聯合出版了首兩冊。

出版「聖經導論叢書」的主要目的，是要填補聖經研究課本之不足，特別在導論方面等基本教材，為華人教會提供一套質素高、中文原著的聖經研究導論叢書；主要的對象是資深的信徒和第一次念神學的神學生。本系列的編委、審稿的學者和各位作者均是來自不同宗派和學派的港台華人聖經學者。我們本著廣義福音派的精神，篤信聖經是上帝給世人至高的權威，各盡所學之專長，合著適切於華人神學院和資深信徒的教材，為華語世界的聖經研究作點貢獻。

黃錫木、黃浩儀

二〇〇二年八月底．香港

本書序

神的兒女最需要了解的聖經真理，除了創造論、基督論、救恩論、聖靈論之外，就是末世論了。其實，舊約的經卷，無論是五經、歷史書、詩歌智慧書，尤其是先知書，都充滿末世論的信息。最近新約聖經學者也漸漸體會，新約正典（包括保羅書信在內）背後的主軸是建立在耶穌再來的基礎上，啟示錄的焦點更是在末世。

反觀西方教會歷史，自從鼓吹先知運動，並宣稱新耶路撒冷城會在公元（或：主後）177年從天而降的孟他努主義，在預言失敗而被當時投身於教會合一的主教們排斥後，西方（拉丁）的神學主流學者如奧古斯丁、加爾文、馬丁路德等人，對於末世思想往往心懷芥蒂（頂多保存像特土良那擷取孟他努主義禁欲特色的二元論世界觀，以及在教會歷史中剪不斷理還亂的靈恩運動）；致力於聖經註釋的改教運動學者加爾文，在啟示錄上沒有留下後人可以追尋的痕跡；而新派神學受啟蒙運動影響，主張理性至上，對於以預言為主的末世論，興趣缺缺。因此這兩三百年來，教會對於末世論的關注，與對其他神學議題（如創造論、基督論、三一神論、救恩論和現代的解放神學、婦女神學、環保神學等，莫特曼甚至將末世論政治化）的關注，無法相提並論。除了受英國達爾比（Darby J. N.；和司可福聖經註釋）影響的時代主義外—這個保守教派的主流末世思想（千禧年前派、災前被提）也成了華人教會的主流末世觀（何賡詩、倪柝聲、賈玉銘等人的立場）；然而當時代派已經修正到與無千禧年派逐漸模糊了分際（但是仍堅持以色列和教會在上帝眼中為不同的團體），也比較靠近聖經（特別是啟示錄）的末世論時，華人教會中的末世論似乎仍停頓在無千禧年、前千禧年（不論信徒被提是發生在災前、災中或災後）的系統神學爭議中，距離約翰在拔摩島所得到的啟示相去甚遠。

我在芝加哥三一神學院進修神學博士學位時，多位博士班同學同時在奧斯邦博士（Dr. Osborne）門下受教，且博士論文都與啟示錄有關（包括和舊約的經文互涉），數本重要的啟示錄註釋也在這幾年相繼問世；我回華神任教後，研究課題之一自然就落在啟示錄上。謝謝黃錫木博士邀約，並在細心讀完我的初稿後，給全書大綱和內容提供極為寶貴的建議；他委身於讓「聖經導論叢書」成為華人教會的祝福，很是讓我折服。研習舊約的我，真盼望有一天華人舊約學者，也有人投身於如此源遠流長的聖經研究，以及學術研究平民化的工作。謝謝基道出版社的編輯同工，也要謝謝這幾年在課堂上與我一同學習啟示錄的學生，特別要謝謝我的學生孫以理、邱美月細心校稿，更要感謝我的愛妻鍾麗英姊妹，在大學任教又肩負相夫教子，讓我在教導、講道、行政、寫作之餘，還可以有時間完成自己想寫《啟示錄導論》的負擔。沒有她就沒有這本書！

魯益師（C. S. Lewis）提醒我們：「凡不是永恆的事物，會被時間永恆地淘汰」（All that is not eternal is eternally out of date）。盼望這本書能鼓勵神的兒女，持守永恆眼光來事奉那位將要再來的主。

「但願頌讚、尊貴、榮耀、權勢，都歸給坐寶座的和羔羊，直到永永遠遠！」（啟五 13）

吳獻章
二〇〇三年六月底．台灣

目錄

第一章

全書結構和著作目的

在討論啟示錄的信息和神學及探討其專題之先，讓我們先熟悉這書的結構大綱和每段大綱的內容，如此，就能將整卷啟示錄的內容串連起來。接著，我們將探討成書的目的和動機，並學術界對於啟示錄結構的爭論，好讓我們對這卷對信徒極其重要，但在解經上卻充滿爭議的經典，有全面性的了解和掌握。

1.1. 結構大綱[1] 和內容簡述

I. 序：一 1～8

　A. 導論：一 1～3

　B. 問安：一 4～6 上

　C. 三一頌：一 6 下～8

本書的開場白（一 1～3），介紹了約翰以先知的身分寫信，且一開始就不諱言地強調，聽從遵守本書的人是有福的。接著約翰以掌管時空萬有的聖父、聖子、聖靈的名，向被基督所救贖的亞細亞七教會問安（一 4～8）[2]，並將本書的目標推到最高峰：不僅僅是要得祝福，更重要的，是讓上帝的名得榮耀。

II. 第一異象：先知被召寫信給七教會：一 9～三 22

　A. 約翰被委任寫信：一 9～11

　B. 委任者耶穌（Commissioner）：一 12～16

1　全書完整大綱見本書附錄。

2　Vanni 於"Un esempio di dialogo liturgico in Ap 1:4~8," 453~476 提出，啟示錄一章 4 至 8 節可能是司會者和會眾在敬拜禮儀中的對話。

C. 委任的任務：一 17～20

D. 七封信：二 1～三 22

1. 以弗所，二 1～7
2. 士每拿，二 8～11
3. 別迦摩，二 12～17
4. 推雅推喇，二 18～29
5. 撒狄，三 1～6
6. 非拉鐵非，三 7～13
7. 老底嘉，三 14～22

以先知角色蒙召的約翰，第一次被聖靈感動（一 10，ἐν πνεύματι）[3]，描繪他蒙召寫啟示錄的根據—榮耀基督的顯現（一 12～20）。約翰所描繪的基督，因著在十字架上死而復活，得勝死亡和陰間，正以宇宙萬有的審判和教會主宰的身分，吩咐約翰寫信給第 1 世紀末亞細亞的七個教會，包括以弗所（二 1～7）、士每拿（二 8～11）、別迦摩（二 12～17）、推雅推喇（二 18～29）、撒狄（三 1～6）、非拉鐵非（三 7～13）和老底嘉（三 14～22），按地理它們是順時針方向排列的。

第 1 世紀的基督徒面對種種壓力，包括世俗化的引誘、侵襲、異端的迷惑和信仰上的逼迫（羅馬皇帝往往自認為神，且敬拜還活著的皇帝的政策正逐漸醞釀，這趨勢和基督

3 本書共出現 4 次「我被靈感動」，正好引導著 4 大異象。第一次在一章 10 節，引導著第一大異象「先知被召寫信給七教會」（一 9～三 22）；第二次在四章 2 節，引導著第二大異象「神審判之書」（四 1～十六 21）；第三次在十七章 3 節，引導著第三大異象「最後的得勝」（十七 1～二十一 8）；第四次在二十一章 10 節，引導著第四大異象「新耶路撒冷」（二十一 9～二十二 5）。

徒認耶穌為萬王之王相抵觸)。因此在這第一大異象中，耶穌以得勝、審判者的身分，勸勉這些教會要忠於所託，警告信徒在信仰上不可作出妥協，並鼓勵他們能成為得勝者，好承受永生中的應許。

III. 第二異象：神審判之書：四 1～十六 21

A. 神寶座前的敬拜：四 1～11

B. 羔羊前的敬拜：五 1～14

正當地上的老底嘉教會被耶穌挑戰要成為得勝者，若得勝則將與聖父和聖子同坐寶座之際（三 21～22)，約翰第二次被聖靈感動（四 2「我被聖靈感動」，ἐν πνεύματι)，看見天上掌王權的上帝坐在寶座上，接受四活物和二十四長老的敬拜；約翰又看到了被殺的羔羊配得展開上帝右手中的書卷，並接受四活物、二十四長老、無數天使和所有的被造物的敬拜（五 1～14)。在這第二大異象開始時所描述的創造萬有的上帝和救贖萬民的羔羊，被呈列在以耶穌對教會的勸勉為主的第一大異象之後，在由第六章起呈現的七印、七號、七碗的末世事件之前，正好闡述了本書的神學核心：坐寶座的上帝和被殺的羔羊，是教會的元首，又是人類歷史的掌管者和審判官。

C. 七印：六 1～八 1

1. 前四印：四騎馬者，六 1～8
2. 第五印：殉道者的哭號，六 9～11
3. 第六印：羔羊的忿怒，六 12～17
4. 插曲：七 1～17

a. 受印的十四萬四千人，七 1～8

b. 天上無數人的讚美，七 9～17

5. 第七印：天上的沉默，八 1

在天上寶座異象的描繪後（四～五章），約翰將焦點放在地上。他記載羔羊如何按次序揭開爭戰的第一印（六 1～2）、殺戮的第二印（六 3～4）、饑荒的第三印（六 5～6）、死亡的第四印（六 7～8）、無辜被殺信徒伸冤的第五印（六 9～11）、因著坐寶座者和羔羊忿怒而起天災的第六印（六 12～17），和大有山雨欲來之前那肅穆寂靜的第七印（八 1）。

在第六印與第七印之間的插曲，約翰看到被上帝印了額的十四萬四千以色列人（七 1～8），並從大難中被救贖到寶座前、從各國各族各民各方來的無數民（七 9～17）。第七章雖然是插曲，但是仍與第六章有著不可切割的關係：七章 1、9 節回應六章 17 節之「站得住」；七章 3 至 8 節回應六章 11 節之「僕人」；七章 9、13 至 14 節回應六章 11 節之「穿白衣」；七章 14 節回應六章 9、11 節之「大患難被殺」[4]。整章的信息安慰了前六印在患難中的人，闡述了末世極重要的真理：坐寶座的和羔羊將成為末世患難中信徒的盼望和避難所。

D. 七號：八 2～十一 19

1. 七號的預備，八 2～6

2. 前四號：宇宙性災害，八 7～12

3. 飛鷹的警告，八 13

---

4 見 Bauckham, *The Climax of Prophecy*, p.11。

4. 第五號／第一災禍：蝗蟲災，九 1～12
5. 第六號／第二災禍：惡魔群眾，九 13～21
6. 插曲：輔助異象，十 1～十一 14
   a. 天使與小書卷，十 1～11
   b. 聖殿之衡量，十一 1～2
   c. 兩位見證人，十一 3～14
7. 第七號：崇拜與預兆，十一 15～19

七印之後，約翰所描繪的七號，被與聖殿有關的雷轟、大聲、閃電、地震的呼應所包圍（八 5，十一 19）。首先他敘述祭壇旁寶座前眾聖徒的祈禱（八 3～5）；接著，約翰在異象中看到了天使吹號後的雹子與火災（八 7），燃燒的大山被扔海中之災（八 8～9），燃燒的大星從天降落之災（八 10～11），日月星辰大異動之災（八 12～13），蝗蟲之災（九 1～12），伯拉大河的四使者夾著極大軍隊之災（九 13～21）等六號。第七位天使吹號，內中有二十四位長老敬拜上帝的公義、得勝，和天上聖殿中的巨大回響，一同見證基督的國度彰顯（十一 15～19）。

和第六、七印間雷同的，是第六號和第七號間也有插曲，內中記錄從天而降的天使，並且約翰吃了小書卷好預備傳預言（十 1～11）。接著，正當外邦人踐踏聖城 42 個月，兩位見證人帶著權柄傳道、被殺、復活並升天（十一 1～14）。這兩章的插曲（約翰吃書卷與兩位見證人，十 1～十一 14）和整段對七號的描繪（八 2～十一 19），被 3 次的「禍哉」（八 13）緊緊地連結在一起（九 12，十一 14）[5]。如此精心排列，

---

5 Bauckham, *The Climax of Prophecy*, pp.11~12.

正好浮現出人間日漸步入末世災難[6]，直到世上成爲基督的國、祂要作王之前（十一 15），像約翰吃書卷且向多民多國多方多王說預言，並像兩位穿毛衣忠心傳道乃至殉道的見證人，是何等的重要。

E. 插曲：七大預兆／奇跡，十二 1～十四 20

1. 婦人生男孩，十二 1～6
2. 天上的戰爭，十二 7～12
3. 地上的戰爭，十二 13～17
4. 海上來的獸，十三 1～10
5. 地中來的獸，十三 11～18
6. 錫安山十四萬四千人的崇拜，十四 1～5
7. 插曲：三位天使宣告即將要來的末時，十四 6～13
8. 地上的莊稼，十四 14～20

如同第六印和第七印間有插曲（第七章）、第六號和第七號間有插曲一樣（十 1～十一 14），在七號和七碗間也夾著（更大的）插曲。在這插曲中，約翰按照他在本書中慣用的完全數字「七」，先後敘述他所看到的七個奇特奇跡／預兆（十二 1～十四 20），包括婦人生男孩（十二 1～6），天使長米迦勒與撒但的爭戰（十二 7～12），地上撒但與婦人的爭戰（十二 13～17）；接著分別是海獸的逼迫（十三 1～10），地獸的逼迫（十三 11～18），羔羊與十四萬四千人在錫安山上站立（十四 1～5），和人子鐮刀的收割與審判（十四 14～20）。在第六與第七奇跡中，也夾著 3 位天使的傳道與審判

6 在七印中地上被殺害的比例爲四分之一（六 8），但是在七號中地上被殺害的比例增加爲三分之一（八 7～12，九 15）。

的插曲（十四 6～13)。(這和第六第七印間、第六第七號間相同。)

這段七大奇跡的插曲，約翰藉著所描繪的情境一再改變，來描繪上帝的百姓與上帝的仇敵間的衝突：首先從天上（十二 1～12）轉到地上（十二 13～17)、海上（十三 1)、地上（十三 11)、錫安山（十四 1)。到了七碗，約翰的焦點又回到天上（十五 1）和玻璃海（十五 2）[7]。約翰如此轉換焦點，為信徒提供在世上與惡者爭戰的本質（弗六 12)：撒但試圖迷惑、逼迫屬神的百姓（以婦人為表徵)。但是因為婦人所生男孩（基督）的血，撒但從天上被摔落（十二 9)，然後繼續逼迫婦人（十二 13～17)，甚至在地上以海獸（敵基督）和地獸（假先知）的形像出現，試圖假冒得勝的羔羊，竊取上帝的榮耀，無所不用其極，好霸佔世人敬拜的焦點（十三章)。但是正如同被龍（撒但）追趕的婦人有曠野躲避一樣，當撒但模仿三位一體真神，以龍、海獸、地獸來逼迫屬神的百姓時，不願意受獸印記的屬神的百姓，卻有羔羊和上帝的名，能和羔羊一同在錫安山上安然站立，等候上帝的救贖和快鐮刀的審判（十四章)。

E. 七碗：十五 1～十六 21

1. 七碗的預備，十五 1～8
2. 前四碗：超然災害，十六 1～9
3. 第五碗：災臨到獸及其國，十六 10～11
4. 第六碗：獸聚集於哈米吉多頓，十六 12～16

---

7 Bauckham, *The Climax of Prophecy*, pp.15~18.

5. 第七碗：最後的毀滅，十六 17～21

在第七碗的開始，約翰看到掌管七災的七位天使的大預兆，和勝了獸的聖徒所唱摩西和羔羊之歌（十五 2～4）。接著，約翰看到天上聖殿中持著金碗的七位天使（十五 5～8），陸續將七碗之災倒在地上（十六 1），先是拜獸者得惡毒瘡（十六 2），然後是海變成血（十六 3）、江河與眾水變血（十六 4～7），日頭烤人（十六 8～9），獸國變為黑暗（十六 10～11），伯拉大河變乾、三大惡魔聚集天下眾王與全能者交戰於哈米吉多頓（十六 12～16），巴比倫大城被震裂為 3 段，並有大雹子（十六 17～21）等災難。

七碗之災的描述和七印、七號有幾處不同。第一，它是「盛上帝大怒的七碗」（十五 1、7，十六 1、19）；第二，災害的威力完全引爆（從七印的四分之一，七號的三分之一，到七碗的百分之百）；第三，地上百姓不僅不悔改（十六 9、11），普天下眾王和污穢的鬼魔掛鉤，膽敢聚集要與上帝爭戰（六碗），甚至比以往還嚴重，那從聖殿中來的閃電、聲音、雷轟、大地震的審判下，連地上各海島、眾山都逃避之際，人竟然還褻瀆上帝（十六 21），真叫人不可思議！

IV. 第三異象：最後的得勝，十七 1～二十一 8

A. 巴比倫受審判：十七 1～十九 5

1. 大淫婦，十七 1～18

2. 即將毀滅的宣告，十八 1～24

3. 讚美之歌，十九 1～5

B. 最後的勝利：十九 6～二十一 8

1. 我聽見羔羊的婚娶，十九 6～10

2. **我觀**看彌賽亞第二次出現，十九 11～16
3. **我又看見**天使邀飛鳥赴筵席，十九 17～18
4. **我看見**獸及軍隊被騎白馬者滅，十九 19～21
5. **我又看見**撒但受捆綁，二十 1～3
6. **我又看見**殉道者掌權千年，**看見**撒但的末日，二十 4～10
7. **我又看見**白色大寶座審判，二十 11～15
8. **我又看見**新天新地，二十一 1
9. **我又看見**新耶路撒冷，二十一 2
10. **我聽見**神帳幕在人間，二十一 3～8

約翰第三次被聖靈感動（十七 3，「我被聖靈感動」，ἐν πνεύματι；參一 10，四 2），看見騎朱紅色、七頭十角獸的大淫婦喝醉了聖徒的血（十七 1～6），但羔羊勝過大淫婦（十七 7～18）。在大淫婦被毀滅後，約翰描繪鬼魔的住處，就是那藉著邪淫傾倒列國的巴比倫，如何沒落、荒涼、傾倒（十八 1～8），世上君王、客商、水手都替它哀悼（十八 9～20；其中有 3 次的「哀哉、哀哉」，十八 10、16、19）。巴比倫毀滅的命運定了（十八 21～24）後[8]，4 次「哈利路亞」將「全能者為王」的頌讚推到最高峰（十九 1～6）。

接著，約翰描繪基督最後的得勝：天使邀請新婦赴羔羊的筵席（十九 7～10），彌賽亞騎著白馬降臨（十九 11～16），和天使邀飛鳥赴上帝的筵席（十九 17～18）。一瞬間，獸（敵基督）和假先知被扔在硫磺火湖裏，而地上君王與軍兵被基督口中的劍所滅（十九 19～21）。接著，撒但受捆綁在無底

8 第十七章描繪喝聖徒血的大淫婦「羅馬」，而十八章則述說被完全毀滅的大城「羅馬」。見 Osborne, *Revelation*, p.605。

坑中達千年(二十 1～3),那時期聖徒將與基督一同作王(二十 4～6);千禧年後,撒但被釋放,繼續迷惑世上列國與聖徒爭戰,結果卻被扔在硫磺火湖裏(二十 7～10)。接著,世上所有的人全站立在白色大寶座前受審判(二十 11～15),連象徵邪惡勢力的死亡與陰間都被扔在硫磺火湖裏。此後,舊天地被新天新地所取代(二十一 1～2),久盼的神的帳幕終於降在人間(二十一 3～8)。

當七印、七號、七碗到了盡頭,約翰用了時間指標(「我看見」、「我觀看」、「我又看見」……「我聽見」,十九 6、11、17、19,二十 1、4、11,二十一 1～3),藉以闡述當大淫婦被燒、巴比倫被毀之際,末世將進入線性的時間次序。在第三異象中,羔羊將完全得勝獸,大淫婦被新婦所取代,巴比倫城被新耶路撒冷所取代。上帝的得勝、公義在地上完全顯明,人間歷史走進線性的末世,預備進入新天新地,等候新耶路撒冷的降臨。從此人類歷史走到盡頭,永世終於降臨。

V. 第四異象:新耶路撒冷,二十一 9～二十二 5

A. 其描繪,二十一 9～14

B. 其尺寸,二十一 15～17

C. 其妝飾,二十一 18～21

D. 其榮耀,二十一 22～27

E. 生命河,二十二 1～2

F. 僕得賞,二十二 3～5

聖經的記載以伊甸園開始,以敘述新耶路撒冷城結束,這個人間久盼的新城(來十一 16),是在約翰第四次被聖靈感動之下所得的啟示(二十一 10,「我被聖靈感動」,

ἐν πνεύματι)。在此，約翰描繪羔羊給新婦所預備的新耶路撒冷城，包含設置（二十一 9～14）、城牆的尺寸（二十一 15～17）、妝飾（二十一 18～21）和全城的榮耀（二十一 22～27），並寶座前醫治萬民的生命河，和上帝永恆的光照（二十二 1～5）。

上帝藉著羔羊得勝獸，以新婦代替大淫婦，並為新婦預備新城，取代人間墮落的巴比倫城。這城除了是個神兒女永恆的居所外（*Place* of God for God's *people*），更是神同在的完美表徵（*Presence* of God）。在這人間歷史的終點站中，不再需要有聖殿，不再需要日月光照，因為上帝和羔羊在這城中。這是個聖城，因此凡不潔淨的、行可憎與虛謊之事的人都不得進入。此外，新耶路撒冷的異象，不僅取代（並完成）先前所有的審判的異象（如十一 13，十四 14～16，十五 4），更使得列國歸向神的主題，得以應驗[9]。

VI. 跋：二十二 6～21

A. 見證，二十二 6～9

B. 審判，二十二 10～15

C. 呼召，二十二 16～17

D. 警告，二十二 18～19

E. 禱告頌榮，二十二 20～21

在啟示錄的跋中，約翰以先知說預言的角色（二十二 7、10、18～19），強調這四大異象的見證是真實可信的（二十二 6）。如同啟示錄的序所表明（一 3），約翰在此闡述聽從書中

---

9 Osborne, *Revelation*, pp.307～318.

預言的人是有福的（二十二 7），且都預言耶穌必會再來（一 7，二十二 7、12、21）。但是在跋中，約翰更預告基督的審判和救贖（二十二 10～17），並警告預言不可添加或刪去（二十二 18～19），且以禱告頌榮結束（二十二 20～21）。整卷書從一章 1 節至二十二章 5 節提供了約翰所要表達的一個重要的寫作動機：在末世，神的兒女要過聖潔、得勝的生活，直等到基督再來[10]。

1.2. 成書目的與動機

從約翰在本書開場白中表明的身分和寫信的地點——「我——約翰就是你們的弟兄，和你們在耶穌的患難、國度、忍耐裏一同有分，為神的道，並為給耶穌作的見證，曾在那名叫拔摩的海島上。」（一 9）——就可以知道，啟示錄的一個重要目的，就是要安慰為真理受逼迫的信徒，他們為了神的道受勞苦（二 3、8～9、13，三 10），當中有人因而喪命（二 13）。約翰本身因著相同原因被放逐拔摩島，自然也會關心為「道」與「見證」而殉道的人（六 9～11）。因此，他在第六印與第七印間插入的寶座異象中，以安慰「從大患難中出來的」為最高潮（七 14～17）。

啟示錄的主旨是上帝掌管歷史，祂要藉著耶穌將萬有更新。本書的中心是基督顯現的異象（一 12～16）和寶座的異象（四～五章）。本書雖然充滿了對列邦的審判與咒詛，但寶座前讚美的宏偉壯觀情境，盤據全書樞紐位置。

---

10 Beale, *The Book of Revelation*, pp.150~151.

在十二、十三章中，撒但模仿三位一體的真神，以「大龍」(十二 9)、海獸（十三 1)、地獸（十三 11）的模樣出現。約翰在其中清楚地說明，信徒受苦難乃至死亡，與「為耶穌作見證」有關（十二 11、17)。約翰從這裏一直到二十章，更沒有保留地闡述，信徒所遭遇的苦難與死亡是「撒但／魔鬼」所造成的（十三 7，十四 9～13，十六 5～6，十八 20、24，十九 2)。約翰以一個先知說預言的身分（一 3，二十二 6～7、18～19)，傳達耶穌對他們的期望，這期望單從七封書信的最高潮——重複出現的「得勝者」(二 7、11、17、26，三 5、12、21)，就可以看出。這些得勝者所要領受的獎賞，在啟示錄最後的異象中清楚地浮現：

I.　給以弗所教會得勝者的「樂園中的生命樹」(二 7，二十二 2、14)

II.　給士每拿教會得勝者的「不受第二次死的害」(二 11，二十 6、14，二十一 4)

III.　給別迦摩教會得勝者的「嗎哪、白石、新名」(二 17，二十二 4，參七 16；約六 49、58)

IV.　給推雅推喇教會得勝者的「權柄、晨星」(二 26、28，二十 4，二十二 14、16)

V.　給撒狄教會得勝者的「白衣、生命冊留名」(三 5，十九 8，二十 12，二十一 27，二十二 14；參七 14)

VI.　給非拉鐵非教會得勝者的「新城柱子、名」(三 12，二十一 2、10、27，二十二 4)

VII.　給老底嘉教會得勝者的「與我同坐寶座」(三 21，二十 4、6，二十二 3)

當魔鬼被丟入硫磺火湖中後（二十 10），人間歷史進入尾段，永恆在望，約翰對第 1 世紀的七教會（和歷世歷代的信徒）描繪啟示錄的高峰：新天新地、新耶路撒冷的異象（二十一～二十二章），並強調對那要承受這些為業的，和對那七教會的要求一樣，只有「得勝」一途（二十一 7）！

1.3. 學術界對本書結構的爭論

在 1.1.的結構大綱中，可以清楚看出整卷啟示錄的結構，是建立在約翰 4 次被聖靈感動之下所看到的異象，並由各異象中幾個重要的結構指標所訂出。其扼要大綱如下：

I. 序，一 1～8

II. 第一異象：先知被召，一 9～三 22

III. 第二異象：神審判之書，四 1～十六 21

  A. 神寶座與羔羊前的敬拜，四 1～五 14

  B. 七印，六 1～八 1

    （插曲，七 1～17）

  C. 七號，八 2～十一 19

    （插曲：約翰吃書卷與兩位見證人，十 1～十一 14）

  D. 插曲：七大預兆／奇跡，十二 1～十四 20

IV. 七碗，十五 1～十六 21

V. 第三異象：最後的得勝，十七 1～二十一 8

  A. 巴比倫、大淫婦受審判，十七 1～十九 5

  B. 最後的勝利，十九 6～二十一 8

VI. 第四異象：新耶路撒冷，二十一 9～二十二 5

VII. 跋，二十二 6～21

如此提綱扼要的結構，不是憑空而來，或只是神來之筆的結論，它是在眾多紛紜的學者爭議中，所能理出最合宜的一種架構[11]。其實，啟示錄全書的結構是個極具爭議的問題，亦深深影響到對這卷書的解釋，特別是書中的末世論與歷史事件的認定。以下將學者對啟示錄大綱的爭議概略陳述如下，並說明筆者為何採用此大綱。

首先，學者大致同意一章 1 至 20 節（或一章 1 至 8 節）和二十二章 6 至 21 節分別是本書的序和跋，而且二至三章被看為一整體單元。除這些之外，學者尚未有一致的定論，特別是四章 1 節至二十二章 5 節的分段。這牽涉到一章 19 節是否能看作啟示錄末世時間表的「鐵證」。基本上啟示錄一章 19 節與整卷啟示錄的關係有幾個解法：

1. 沒有時間關連[12]。這種看法傾向於將啟示錄的七印、七號和七碗當作沒有連續性的象徵來解說，每個七有單獨的屬靈意義，不必刻意在錯綜複雜的末世時間表中找定律。這個觀點的缺點是：否定了七印、七號和七碗確是存在著大致的線性規律。
2. 線性年代次序。「所看見的」指著的是第一章的異象（第 1 世紀）；「現在的事」指著二至三章中 7 個小亞細亞（和世界）的教會（第 1 世紀的教會時期到大災難之前）；「將來必成的事」代表著四章 1 節至二十二章 5 節所記的大

11 張永信在他的《啟示錄注釋》，頁 58～61 也有雷同架構。陳濟民在他的《未來之鑰——啟示錄注釋》，頁 52 則以七信、七印、七號、七碗和最後的勝利（取代 4 個異象）為架構。

12 Lambrecht, "A Structuration of Revelation 4.1~22.5," pp.79~80.

災難，到主耶穌第二次降臨[13]。如此線性時間的三段式架構是最普遍、易讀的看法[14]。這個觀點的缺點，在於對啟示錄特殊的啟示文體不敏銳，尤其它排除啟示錄象徵解法的可能[15]。而且，啟示錄的時間表不能用如此嚴格的線性時間表來劃分[16]。譬如，二至三章中雖然主要記載著第 1 世紀的光景，但是對其中得勝者的應許，卻完全只會在未來方能應驗。而四至二十二章中的描繪（特別是七印之後），雖然以未來預言為主體，但是確有涵蓋了過去（道成肉身）、現在（第 1 世紀 90 年代七教會）和末世要發生的事件預言。最好的例子就是第 1 世紀吃書卷的約翰（十章），和代表道成肉身、從死裏復活、升天的十二章 5 節，這些均被記載在四至二十二章中[17]。

3. 現代和未來兩段式分法。因為一章 19 節約翰所領受的

---

13 這是大部分學者的看法（如 Swete、Charles、Lohmeyer、Kraft、Chilton 和 Krodel）。見 Lohse, *Die Offenbarung Johannes*, p.19；Walvoord, *The Revelation of Jesus Christ*, p.48；Thomas, *Revelation 1~7*, p.115；Ladd, *A Commentary on the Revelation of John*, p.34。有時「將來必成的事」會被認為是從六章 1 節開始算起。

14 這個解法因著 Lindsey, *There's a New World Coming* 一書而被普及化。華人教會最早期的啟示錄註釋書、也深深影響華人教會啟示錄讀法的著作：《耶穌基督的啟示》，頁 18 就是採這個立場。

15 Beale, *The Book of Revelation*, p.161.

16 Charles, *The Revelation of St. John*, ICC. 2 vols, 1.33 和 Swete, *The Apocalypse of St. John*, p.21 都認為一章 19 節僅是粗略地描繪本書的內容。Caird, *A Commentary on the Revelation of St. John the Divine*, p.26 認為一章 19 節被當作 3 段式時間分法著實太簡陋。

17 Osborne（*Revelation*, p.97）正確地指出，啟示錄全書將「過去」「現在」「將來」成功地編結、融合（intertwine）一起。

命令「寫下來你所看見的」，是先前的命令（一章 11 節「寫下你所看見的」）的重複[18]，不少學者認為一章 19 節大體上是約翰所領受的吩咐，就是寫下現在的事（包括第一章的異象，和二至三章對七教會的教訓，參一 11）和將來的事。這個解法的缺點在於它不如線性時間表那麼一目了然，但是從啟示錄的文體角度看，卻似乎較能反映這本具有先知性、又具有象徵性啟示文學的特徵（見本書 4.2.「啟示文學的運用」和 7.4.「象徵性解經」）。譬如，五、十二和十七章所描述的時間，涵蓋過去、現在和將來[19]。

4. 混合文體的宣告。戈斯主張[20]，啟示錄一章 19 節所要涵蓋的，並不在敘述時間的範疇，而是強調本書文體的多元化，「所看見的」所指著的是啟示文體，「現在的事」所指著的是象徵語言，「將來的事」指著的是根據但以理書二章所描繪的末世預言。畢爾採納此說，主張一章 19 節乃指著全卷啟示錄而言[21]。如此有創意的說法提供

---

18 雖然兩個字原文有些不同（一 11「看見」的希臘文為ὃ βλέπεις，一 19 為ἃ εἶδες）。若採取這樣的架構，中文的翻譯將是「所以你要寫下你所看見的，就是現在的事和將來的事」。

19 如 Caird、Beckwith、Beasley-Murray、Johnson、Mounce 和 Wall。見 Mounce, *The Book of Revelation,* p.62；Moffat, "The Revelation of St. John the Divine," 5 vols., 5.347；Beasley-Murray, *The Book of Revelation,* p.68；Caird, *A Commentary on the Revelation of St. John the Divine,* p.26。

20 見 Beale, *The Book of Revelation*, pp.167~168。

21 Beale, "The Interpretative Problem of Rev. 1.19," pp.360~387; Beale, *The Book of Revelation*, pp.152-161, 168-170.

了對啟示錄所含不同文體之綜覽，且也正確指出但以理書對於啟示錄末世論時間表架構的貢獻（見 7.4.「象徵性解經」），但是牽強之處有二。其一，忽略約翰先領受吩咐（和異象），才能寫下啟示錄一書的事實，因此一章 19 節不是指著啟示錄一書說的（因為啟示錄全書尚未成形）；其二，沒有足夠文法和上下經文證據，說明一章 19 節所指乃啟示文學、象徵、末世三大文體的總括。

這 4 種解法以線性年代次序為代表，而以現代和未來兩段式分法為最合適（細節見 4.3.「從地上與天上的交換鏡頭看」；和 7.5.「從讀先知書的方式來讀啟示錄」）[22]。當然，這個懸而未決的問題，需從全書的結構來定位。

啟示錄的結構錯綜交織[23]，不同的分段法反映不同的神學立場[24]。弗蘭莎主張啟示錄全書具交錯配列結構（或：交叉式結構）[25]：

---

22 Carson, Moo & Morris, *An Introduction to the New Testament*, p.465, n1.

23 Guthrie, *New Testament Introduction*, pp.970~977 中列出 9 種啟示錄結構學說，並警告不要在啟示錄結構這議題上過於武斷。Osborne, *Revelation*, p.269 也認為本書結構上幾乎不可能釐清，不該硬性提出一個結構來支撐全書。

24 Ford, *Revelation* 認為啟示錄一至三章、四至十一章和十二至二十二章都是不同作者所寫的。如此沒有證據的推論，正是典型的形式批判學者的方法。Beale, *The Book of Revelation*, pp.131~144 所提的大綱則反映出他對啟示錄重述要點的觀點。

25 Fiorenza, *Revelation: Vision of A Just World*, pp.35~37; Fiorenza, *The Book of Revelation: Justice and Judgment*, pp.174~177。Snyder 和 Beale 也有更精細、更龐大的交錯配列結構。見 Beale, *The Book of Revelation*, pp.131, 143。

序和書信型的問安（一 1～8）

小亞細亞七教會光景（一 9～三 22）

書卷被打開和「埃及之災」(四 1～九 21，十一 15~19)

約翰吃書卷和被爭戰的團體（十 1～十五 4）

從巴比倫／羅馬中走「出埃及」(十五 5～十九 10)

從邪惡被救出進入新城（十九 11～二十二 5）

跋和書信性架構（二十二 6～21）

這交錯配列結構將啓示錄複雜的內容過分簡單化，因此無可避免地，會犯上在沒有證據下勉強地將文湊合之嫌[26]，但是卻提供了全書架構合一性的新研究方向。另外，除了序(一 1～8)和跋(二十二 6～21)外，啓示錄一再重複出現「七」(見 4.1.「語言特色」)，鮑曼遂將本書分成七段，每段都以一個情境開始[27]：

1. 第一段：地上七教會（一 9～三 22）。其中有七燈臺爲情境（一 9～20），和之後給七教會的信（二～三章）。
2. 第二段：上帝在歷史中的目的（四 1～八 1）。其中有寶座爲情境（四～五章），和七印（六 1～八 1）。
3. 第三段：在大災難中的教會（八 2～十一 18）。其中有聖徒祭壇前的禱告爲情境（八 2～6），和七號（八 7～十一 18）。

---

26 Osborne, *Revelation,* p.29。Mazzaferri, *The Genre of the Book of Revelation from a Source-Critical Perspective*, p.347 批評 Fiorenza 未能將約翰吃書卷和耶穌所打開的書卷間之關係清楚剖析，因此她的大綱僅僅是一個假設。

27 Bowman, "Book of Revelation," pp.64~65; Bowman, "The Revelation to John: Its Dramatic Structure and Message," 436~453.

4. 第四段：教會的救恩（十一 19～十五 4）。其中有聖殿中的約櫃為情境（十一 19），和七大預兆／奇跡（十二 1～十五 4）。
5. 第五段：在恐慌中的世界（十五 5～十六 21）。其中有天幕上的見證為情境（十五 5～十六 1），和七碗（十六 2～21）
6. 第六段：受審判的世界（十七 1～二十 3）。其中有天使的引導為情境（十七 1～2），和七災（十七 3～二十 3）。
7. 第七段：教會在千禧年中（二十 4～二十二 5）。其中有基督坐寶座和撒但的敗落為情境（二十 4～10），和七計劃（二十 11～二十二 5）。

如此分法，和何賡詩的分法有雷同之處[28]，但是明顯地，鮑曼將七印當作歷史事件看，而何賡詩卻視為三年半大災難的一部分；此外，現代的啟示錄學者恐怕不會將新天新地和新耶路撒冷的異象，當作為千禧年的一部分。

波特瑞斯提議一個很精彩的大型交錯配列結構[29]：

A. 異象開始——約翰、啟示者、聽者（一 1～11）
 B. 基督顯現（一 12～20）
  C. 致七教會信（二 1～三 22）
   D. 寶座異象（四 1～五 14）
    E. 七印（六 1～八 1）
     1. 審判內容（六 1～17）

28 何賡詩著：《耶穌基督的啟示》，頁 18。

29 Poythress, *The Returning King*, pp.64~65.

2. 教會蒙保守（七 1～八 1）

F. 七號（八 2～十一 19）

1. 列國受審判（八 2～九 21）

2. 教會蒙保守（十 1～十一 14）

3. 天上的喜樂（十一 15～19）

G. 被救贖者（十二 1～6）

H. 撒但的抵擋（十二 7～17）

I. 海獸的抵擋（十三 1～10）

H'. 地獸的抵擋（十三 11～18）

G'. 被救贖者（十四 1～20）

F'. 七碗（十五 1～十九 10）

1. 列國受審判（十五 1～十六 21）

2. 巴比倫敗落（十七 1～十八 24）

3. 天上的喜樂（十九 1～10）

E'. 白馬的審判

1. 審判內容（十九 11～20）

2. 教會蒙保守（二十 1～10）

D'. 寶座異象（二十 11～15）

C'. 給教會的信息（二十一 1～8）

B'. 顯現（二十一 9～二十二 5）

A'. 異象結束——約翰、啟示者、聽者（二十二 6～21）

如此一目了然的架構，很能幫助讀者了解末世人間罪惡的本質（交錯配列結構核心的撒但、海獸和地獸），人間善惡衝突的面貌（撒但與基督的對抗），和公義的神如何審判、得勝，並為教會得勝的管道和結果。但其優點也正是其缺點：容易將撒但的工作過分放大，寶座上神的角色有成為次要之嫌，也容易因著交錯配列結構的對稱性，將第一印中的騎白馬者視為基督（見 7.3.「羔羊與騎白馬者」）。

最近學者在十七章至二十二章 5 節間已經有了些共識[30]。加上因著本書有 4 處關鍵性的「被聖靈感動」（ἐν πνεύματι；一 10，四 2，十七 3，二十一 10）[31]，和回應西乃山（出十九 16）的寶座異象中，「有閃電、聲音、雷轟從寶座中發出」（四 5，八 5，十一 19，十六 18）等重複經文所隱含的經文指標可以看出[32]，約翰在聖靈的帶頭領軍下揮筆成書，開始以敘述四個大異象（一～三章，四～十六章，十七章～二十一 8，二十一 9～二十二 5）為骨架[33]：

1. 序曲——基督的啟示（一 1～8）
2. 第一異象——基督在教會中（一 9～三 22）
3. 第二異象——基督在宇宙中（四 1～十六 21）
4. 第三異象——基督的爭戰（十七 1～二十一 8）

---

30 Hellholm, "The Problem of Apocalyptic Genre and the Apocalypse of John," 13~64 將十七至二十二章分成十七章 1 節至十九章 10 節和十九章 11 節至二十二章 5 節。Collins, *Combat Myth in the Book of Revelation*, pp.14~15 則如此分段：1. 十五章 1 節至十六章 20 節；2. 十七章 1 節至十九章 10 節；3. 十九章 11 節至二十一章 8 節；4. 二十一章 9 節至二十二章 5 節。Collins 的分段與 Giblin, "Structural and Thematic Correlations in the Theology of Revelation 16~22," 487~504 雷同。參 Beale, *The Book of Revelation*, pp.109~110；周兆真著：〈千禧年解釋——回顧與再思〉，230~231。

31 Turner, "The New Jerusalem in Revelation 21.1~22.5. Consummation of a Biblical Continuum," p.281.

32 Bauckham, *The Climax of Prophecy*, pp.2~8.

33 Tenney, *Interpreting Revelation*, pp.32~34.

5. 第四異象——基督的完成（二十一 9～二十二 5）
6. 跋——基督的挑戰（二十二 6～21）

並以七印（六 1～八 1）、七號（八 2～十一 19）、七預兆（十二 1～十四 20；或插曲[34]：七大預兆／奇跡）、七碗（十五 1～十六 21）、巴比倫和大淫婦（十七 1～十九 10）、新耶路撒冷（二十一 9～二十二 5）等爲異象的內容，其中七大預兆／奇跡的細節如下：

1. 婦人生男孩（十二 1～6）；
2. 米迦勒率天使將撒但從天上摔下去（十二 7～12）；
3. 地上撒但與婦人的爭戰（十二 13～17）；
4. 海獸接受敬拜並逼迫信徒（十三 1～10）；
5. 地獸的興起與控制（十三 11～18）；
6. 十四萬四千人的頌讚（十四 1～5）；
7. 人子鐮刀的收割與審判（十四 14～20）。

插入的異象（與六印、七印和六號、七號間一樣，同有插曲，十四 6～13。）[35]

---

34 這段插曲，藉著情境的一再改變：從天上（十二 1～12），轉到地上（十二 13～17）、海上（十三 1）、地上（十三 11）、錫安山（十四 1）、天上（十五 1）、玻璃海（十五 2），來描繪上帝的百姓與上帝的仇敵間的衝突。見 Bauckham, *The Climax of Prophecy*, pp.15~18。

35 見 Morris, *The Revelation of St. John,* pp.43~44。Beale 一書 *The Book of Revelation,* p.621 則將十二章 1 節至十五章 4 節分成七個預兆：1. 蛇與婦人、男孩的衝突（十二 1～17）；2. 海獸的逼迫（十三 1～10）；3. 地獸的逼迫（十三 11～18）；4. 羔羊與十四萬四千人在錫安山上站立（十四 1～5）；5. 三位天使的傳道與審判（十四 6～13）；

整個啟示錄的大綱巧奪天工，儼然浮現，正如本段 1.3. 開始所描述的[36]。(大綱的細節見附錄)

---

6. 人子在地上的豐收（十四 14～20）；7. 聖徒得勝獸之歌（十五 2～4）。

36 參 Bauckham, *The Climax of Prophecy*, pp.21~22；Carson, Moo & Morris, *An Introduction to the New Testament* , pp.465~467；Beale, *The Book of Revelation*, pp.144~151。

第二章

作者和寫作日期

2.1. 作者

2.1.1. 外證

和當時常常匿名而作的啓示文學所不同的，是約翰清楚表達他就是作者（一 1、4、9，二十一 2，二十二 8），由此可見，這位約翰絕對不是個普通人，他在眾教會中一定有相當的權威。當時教會所受的逼迫日益嚴重，使徒們大多凋零，惟一剩下的使徒約翰[1]，以使徒的身分寫下當時教會所需要的啓示錄，並在信中清楚表明其身分，這是極爲恰當的[2]。因此，從第 2 世紀（公元 150 年）到第 4 世紀，幾乎沒有人懷疑此書乃是出自約翰手筆[3]。早期教父（如游斯丁、愛任紐、亞歷

---

1 耶柔米在《約翰福音序言》中，提到約翰在小亞細亞寫成這卷約翰福音。其後，他則在拔摩海島上寫成了啓示錄，就如創世記如何成爲正典之無容玷污的起點，這卷出自一個貞潔獨身者之筆的啓示錄，也照樣成爲了正典之無容玷污的終點，此書更以基督的話語作結束：「我是阿拉法，我是俄梅戛……。」（二十二 13）見黃錫木編著：《四福音與經外平行經文合參》，頁 477。

2 周兆真著：〈偉大的老師：啓示錄作者的特性〉，41~60 指出，啓示錄的作者除了有淵博的學問，用嚴謹的結構，有著先知的眼光、精博的神學，闡述虔誠的敬拜和肯定的希望外，本書字裏行間流露出牧者的心腸，更可以說明作者是讀者所熟悉的旅行傳道人。

3 除了希拉波立的主教、約翰的門徒、神學家和作坡旅甲同伴的那位帕皮厄斯，在他的《主論評註》（Λογίων κυριακῶν ἐξήγησις）中說：「這就證實了某些人所言的——有人說小亞細亞當時有兩個都叫約翰的人，又說以弗所有兩個墓穴，直到今天，墓名均是約翰。這一點很重要，必須留意，因爲，除非有人真的想說是，不然，目睹那常被稱爲「約翰」的啓示【或：「約翰」的啓示錄】的人可能就是這第二位約翰。」（見於優西比烏的《教會歷史》3.39.6。見

山大的革利免、俄利根、特土良、希坡律陀）皆接受約翰為作者，其中，約翰的門生坡旅甲的學生愛任紐指出，啟示錄是約翰在羅馬皇帝多米田（或譯：豆米仙；公元 81～96 年）時期的作品（約公元 95 年）[4]，殉道士游斯丁和第 2 世紀的以弗所主教坡律加得斯都指出約翰曾經在以弗所牧會[5]。

此外，教父時期的歷史學家優西比烏記載[6]，這位曾親眼看過、跟從過、甚至親手摸過耶穌的老使徒（約壹一 1）約翰，確實曾到過以弗所一帶牧會，且約翰的其他書信也是寫在以弗所的（因此在啟示錄中，他在七教會中選擇先寫信給以弗所教會，並不令人感到意外）[7]；所以在其他使徒都陸續殉道後，由約翰寫啟示錄是再適合不過了。

黃錫木編著：《四福音與經外平行經文合參》，頁 449）。另外一些最早期的異端也排斥約翰是啟示錄的作者，見黃錫木編著：《四福音與經外平行經文合參》，頁 470～471, 473。

4 愛任鈕《反駁異端》2.22.5，5.30.3（見黃錫木編著：《四福音與經外平行經文合參》，頁 454, 460）。

5 優西比烏的《教會歷史》3.31.1~4（見黃錫木編著：《四福音與經外平行經文合參》，頁 460）。

6 優西比烏的《教會歷史》3.23 記載：「使徒兼傳道者約翰，就是耶穌寵愛的那一位，曾被流放到海島上，直到豆米仙〔即：多米田〕死後才回來。那時候，他仍然留居在小亞細亞，執掌當地的教會。有兩位見證人可以證明他當時仍活著，這兩位見證人代表了教會的正統，值得信賴，他倆其實是愛任紐和亞歷山太〔即：亞歷山大〕的革利免。」（黃錫木編著：《四福音與經外平行經文合參》，頁 468）。

7 Stauffer, *New Testament Theology,* p.264, n.75 認為啟示錄作者與以弗所和小亞細亞其他教會間的關係，就像約翰福音作者與其他門徒（和教會間）的關係一樣。

2.1.2. 內證

自亞歷山大主教丟尼修（約 190～264 年）開始[8]，因為約翰福音與啟示錄迥然的差異，東教會曾質疑此書的作者（耶柔米在提到聖經作者時，沒有提及啟示錄的作者有爭議，因此中古世紀不曾留心這議題，直到伊拉斯姆重新質疑使徒約翰是本書的作者為止。改教時期，加爾文和慈運理仍採取傳統看法，但是路德對啟示錄有質疑）。自從舍姆勒後，愈來愈多人認為啟示錄和約翰福音是出自不同的作者[9]。目前，較多的現代學者不確定（乃至否定）約翰是啟示錄的作者[10]，從內證看，他們拒絕約翰為作者的理由，和當年丟尼修所宣稱的這兩個理由一樣：

A. 啟示錄的神學與約翰其他著述迥異。

---

8 《論應許》：「先知說罷所有的話之後——也可以說，先知說罷所有預言之後——宣告說凡有福的都應當遵守，就連自己也包括在內，他說：『凡遵守這書所預言的有福了。這些事是我約翰所聽見、所看見的。』〔二十二 7～8 上〕所以，我不否認這個人名叫『約翰』，這書是源自『約翰』的。我更要進一步承認，這是由某位聖潔的、受了靈感（θεόπνευστος）的人寫成的。然而，我也不會輕易承認這就是那使徒，是西庇太的兒子、雅各的兄弟，就是撰寫約翰福音和大公書信的那一位。因為，從兩人的特色、表達方式、以及整卷書的布局和技巧看來，我得出的結論是，〔這裏所指的約翰〕並非同一位。因為這位傳道者（εὐαγγελιστής）從沒有給他的其他作品加上自己的名字，也從沒有在福音書或書信書裏表明自己的身分。」（見於優西比烏的《教會歷史》7.25.6~8。見黃錫木編著：《四福音與經外平行經文合參》，頁 466）。

9 Kümmel, *Introduction to the New Testament*, p.471.

10 Kümmel（*Introduction to the New Testament*, p.472）說：「關於啟示錄作者的資料，我們只知道他是一位名為約翰的猶太裔基督徒先知。」

1 神論：他們主張啟示錄強調神的尊貴與審判，而不是約翰其他著述所強調的愛；

2 基督論：他們主張啟示錄中的基督是戰士和統治者，而非其他書信中的啟示和救贖者；

3 末世論：福音書強調目前的世代（realized eschatology），但啟示錄幾乎全部偏重末世。因此啟示錄與其他著述不可能出於同一位作者[11]。

答辯：上面這些主張都有過分誇張之嫌。啟示錄和約翰的其他著述都描繪：

a. 上帝既是慈愛的主，也是審判的主；

b. 基督既是救贖的主，也是掌權的主。

約翰福音和啟示錄的末世論，都有涵蓋十架事件和主再來的信息，雖然兩卷書所強調的角度因著兩書不同的神學主旨而有所不同，但不能因為在不同書卷中各有所強調的，就斷定兩卷書不是出於同一位作者。實際上從文學手法看，約翰福音和啟示錄都有出自相同作者的筆跡：「道」（啟十九13；約一 1）、「羔羊」（約一 29；啟五 6，雖然希臘原文不同）、「牧人」（約十 10；啟七 17）、「見證人」、「見證」、「殉道者」、「真理」、「聖殿被代替」（約四 21；啟二十一 22）、「住在」（約一 14；啟示錄中的「帳幕」）、「生命水」、「被扎」（啟一 7「刺」；約十九 37；參亞十二 9）、「得勝」，還有「光明」與「黑暗」的對比，「真實」與「虛假」的對比等等[12]。

---

11 Kümmel, *Introduction to the New Testament*, p.472.

12 Godet, *Commentary on the Gospel of St. John*, 3 vols. 1899~1900, 1.182~190.

B. 啟示錄的文筆與約翰其他著述迴異。

他們指出啟示錄在文法上有許多不規則，乃至違反語法之處。譬如，在啟示錄一章 4 節中[13]，介詞 ἀπό 後，沒有用慣常的所有格（genitive）[14]，也沒有用 ὅς，卻用了ὁ ὢν。將這用法稱為不規則、異常的查理斯遂下結論說，這作者寫著的是希臘文，想著的卻是希伯來文[15]。陶瑞甚至認為作者是以亞蘭文寫啟示錄，後來被他人翻譯成希臘文[16]。有少數學者試圖將啟示錄寫作的時間往前推到公元 70 年之前，好讓約翰有時間改進他後來寫約翰福音的希臘文手法[17]。但大部分現代啟示錄學者都同意丟尼修的看法，不接受約翰同是約翰福音和啟示錄的作者。

答辯：從內證看，啟示錄一書跟約翰福音和約翰的其他書信確實相當不同，這正如丟尼修所指出的。然而單單著重啟示錄與約翰其他著述中希臘文的差異性（而忽略它們之間的神學和文學相似性），沒有將作者不同的寫作目的和寫作時間

---

13 原文為 ἀπὸ ὁ ὢν καὶ ὁ ἦν καὶ ὁ ἐρχόμενος。NIV 譯為「from him, who is, and who was, and who is to come」。

14 如同一章 4 節下的 ἀπὸ τῶν ἑπτὰ πνευμάτων（從七靈），和一章 5 節的 ἀπὸ Ἰησοῦ Χριστοῦ（從耶穌基督）。

15 Charles, *The Revelation of St. John*, 2 vols., ICC, 1:cxliii; Swete, *The Apocalypse of St. John*, pp.cxx~cxxx.

16 Torrey, *The Apocalypse of John*, p.158，另見 Beasley-Murray, *Revelation*, pp.35~37。

17 Hort, *The Apocalypse of St. John I~III*, p.xii; Westcott, *The Gospel According to St. John*, p.lxxxvi 也有學者堅持啟示錄的寫作日期為 90 年後，約翰的希臘文筆不太協調，原因是被囚拔摩島的他沒有好的書記幫助。見 Ladd, A *Commentary on the Revelation of John*, pp.7~8; Morris, *Revelation*, p.39。

等因素也考慮進去，就推測它們是出自不同作者的手筆，多少有失偏頗[18]。將成書日期定為公元 70 年之前更有許多困難（參 2.2.「寫作日期」）。正如查理斯在啟示錄一章 4 節中所指出，相同的作者在同一節的 ἀπό 之後用了正確的名詞（proper noun）[19]，看出一位作者可以不按照一定的模式來超越希臘文文法，這可以是該相同作者刻意的手法[20]。現代人更不能假設能寫希伯來式希臘文的第 1 世紀作者，就不能寫純正的希臘文[21]。文筆風格之所以不同，原因主要仍是文體不同。因此，與約翰其他著述的文筆的差異性尚不足以反駁此啟示錄作者——約翰——的身分[22]。正如古特立所說，雖然沒有完全的證據和把握確定使徒約翰是啟示錄的作者，但在沒有任何其他更強的證據和提案之前，傳統的立場仍有其地位[23]。事實上，在丟尼修之前，那些更接近當時、以

---

18 譬如，Charles, *Revelation*, 1.xxix~xxxvii 列出許多啟示錄與約翰的其他著述中，希臘文筆許多相似的地方。Caird, *A Commentary on the Revelation of St. John the Divine,* pp.4~5 認為語法的差異性不是作者身分鑑定的惟一因素，因此不該被過分強調。

19 ἀπὸ τῶν ἑπτὰ πνευμάτων（NIV 翻譯為「from the seven spirits」）。

20 可能是作者領受特別異象後的瞬間寫作成果。見 Zahn, *Introduction to the New Testament*, 3 vols., 3.432~433；Beckwith, *The Apocalypse of John. Studies in Introduction*, p.355。

21 Caird, *A Commentary on the Revelation of St. John the Divine,* p.5.

22 Carson, Moo and Morris, *An Introduction to the New Testament*, pp.468~473.

23 Guthrie, *New Testament Introduction*, p.947。雖然採納作者不確定是誰的說法的學者相當多，如 Bousset、Kiddle、Boismard、Lohse、Caird、Kümmel、Harrington、Beasley-Murray、Beale 和 Aune 等，但支持傳統看法的學者仍然大有人在，如 Zahn、Swete、Allo、Beckwith、Guthrie、Harrison、Michaelis、Stauffer、Mounce、Ladd、

希臘文為母語的初代教會，基本上一致認為作者是使徒約翰[24]；而且教會歷史中路加福音最早的序言，不論是希臘文和拉丁文版本，都清楚表達了約翰在拔摩島上寫成了啟示錄[25]。

在多米田時代，小亞細亞一帶正開始遭遇一些逼迫，約翰因此寫啟示錄，給那一帶地區的教會（以弗所、士每拿、別迦摩、推雅推喇、撒狄、非拉鐵非和老底嘉），預先警告他們將來的逼迫會愈發激烈，藉此書堅固信徒要忠心見證，基督終會掌權，毀滅敵基督的國度；老使徒愛羊群的負擔，正好是寫作此書的動機。

結論：內證及外證尚未能有力反駁約翰為作者的證據[26]。

2.2. 寫作日期

19 世紀的批判學者大多認為，啟示錄成書於尼祿皇帝晚期（公元 54～68 年）[27]；但是現今大部分學者則傾向於認為

Hendriksen、Smalley 和 Morris。

24 Kümmel, *Introduction to the New Testament*, p.470.

25 見黃錫木編著：《四福音與經外平行經文合參》，頁 452～453。

26 參張永信著：《啟示錄注釋》，頁 17～22；莫理斯著，陳詠譯：《啟示錄》，頁 21～30。

27 支持的有 Hort, *The Apocalypse of St. John I~III*, pp.xii~xxxiii；Robinson, *Redating the New Testament*, pp.221~253；Gentry, Jr., *Before Jerusalem Fell. Dating the Book of Revelation*, 1989。雖然這個看法源自第 4 世紀薩拉米（Salamis）主教伊皮法紐（Epiphanius），但是 Guthrie 認為將啟示錄成書日期定位在尼祿時期是個錯誤（*New Testament Introduction*, p.277）。

那是多米田時代的作品。從下面證據看，啟示錄應屬晚期（公元 90 年代中葉）[28] 的作品：

1. 從初代教會的情況看，當第 1 世紀末，使徒日漸凋零，教會靈性的確有滑落的趨勢（參徒二十 29～30）。士每拿應是晚期才被建立的（而非公元 60～64 年）[29]；且老底嘉在公元 60 至 61 年被毀，不久後被重建，因此晚期才顯出其富有要比早期更合理。若採用早期論，為何沒有提到曾經路過以弗所的使徒保羅（約公元 63～64 年間；提前一 3，三 14）？若是早期論，為何其他使徒的書信也沒有提到尼哥拉黨之事[30]？何模研究早期七教會的資料，堅持啟示錄應是多米田時代的作品[31]。
2. 啟示錄反映出當時信徒正受極大的逼迫（如一 9，二 13，三 10，六 9，十七 6，十八 24，十九 2，二十 4）[32]。教會以第 1 世紀最後 10 年，即多米田皇帝（公元 81～96 年）統治時，所受的逼迫為最熾熱。尼祿皇帝（公元 54～68 年）僅逼迫羅馬而已[33]，直到多米田與他雅努（公元 98～117 年），逼迫的範圍才超過羅馬城市以外。

---

28 Guthrie, *New Testament Introduction*, pp.948~962.

29 Charles, *The Revelation of St. John*, 1.xciv.

30 Mounce, *The Book of Revelation,* p.19.

31 Hemer, *The Letters to the Seven Churches of Asia in Their Local Setting*, pp.2~11.

32 Mounce, *The Book of Revelation*, pp.17~18。雖然 Mounce 拒絕已過派的解經，主張巴比倫大淫婦不僅僅是指著羅馬而已，更是末世世俗化邪惡力量的預表（p.19 n95.）。

33 根據塔西圖的《編年史》15.44。

3. 啟示錄似乎反映出崇拜羅馬皇帝是當時信徒要面對的問題（十三 4、15～16，十四 9～11，十五 2，十六 2，十九 20，二十 4）。凱撒大帝接受人敬拜他為神（以弗所城有敬拜他的廟），奧古斯都及其以後（公元 14 年）的皇帝，都宣告自己的神性（除了在羅馬比較謹慎外，尼祿在各省為自己立廟），但沒有證據顯明尼祿命令百姓拜他[34]。但是多米田確實命令百姓尊他為「主和神」(*dominus et deus*)[35]，並第一次拿信仰作理由來施行政治逼迫[36]。
4. 因著大眾對尼祿皇帝的仇恨和懼怕，因此在他死後流傳著他要從死裏復活再進羅馬領軍的神話，啟示錄似乎也有影射尼祿復活的神話的痕跡（十三 3～4）[37]。果真如此，這個神話必然是在他死後（公元 68 年）的一段時日以後才流傳民間。

因此，啟示錄的寫作日期，仍以傳統的看法（從教父時

---

34 尼祿迫害羅馬信徒並不是因為他們不拜他，而是因為自己燒了羅馬城，要找人頂罪，遂嫁禍他們，好為自己脫身。

35 Suetonius, *Domitian* 13；Charlesworth, “The Flavian Dynasty,” 41~42。也可能因此，基督徒為了躲避崇拜皇帝和所帶來的後果，遂逃往猶太會堂，因而增加猶太人與基督徒間已存在的張力。見 Hemer, *The Letters to the Seven Churches of Asia in Their Local Setting*, pp.7~12；Carson, Moo and Morris, *An Introduction to the New Testament*, p.475。

36 Feine, Behm, Kümmel, *Introduction to the New Testament*, p.327.

37 雖然啟示錄中的獸和流傳中的尼祿復活傳說不同，而且支持十三章 18 節中之 666 是尼祿的神密化身之學者，完全不根據這個神話為基礎。見 Carson, Moo and Morris, *An Introduction to the New Testament*, p.475。

期開始，愛任紐、俄利根、亞歷山大的革利免、優西比烏、耶柔米[38] 等就支持啟示錄為多米田皇帝晚期的作品）較為穩妥[39]。

---

38 大學者耶柔米《論名人》9 記載：「在尼祿之後的第十四年，多米田開始第二度逼迫之時，約翰被放逐到拔摩海島，在那裏寫下了啟示錄；其後殉道士游斯丁和愛任紐都為此作了註釋。但後來多米田被殺，他的法令由於過分殘酷，而被元老院廢除了；約翰就在華納統治期間返回以弗所，一直住在那裏，直至他雅努王時代；他在小亞細亞各地到處建立、興起教會，直至年老力衰，終在主受難之後的第六十八年離世，安葬於以弗所城附近。」見黃錫木編著：《四福音與經外平行經文合參》，頁 473。

39 在一九三〇年代已完成《耶穌基督的啟示》的何賡詩，也是採取保守傳統的立場，對於啟示錄的作者、成書時地有很精彩的分析，頁 1～8。另參 Osborne, *Revelation*, pp.6~9。

第三章

啟示錄與舊約

愈研讀啟示錄，愈會發現約翰寫啟示錄時，並非無中生有[1]。單單看啟示錄如何引用舊約，就可以發現約翰如何看重舊約[2]。啟示錄學者對於引用的手法的定義，如典故、暗喻、回應、明喻等的不同，引用次數因此不同。在整卷啟示錄引用舊約的次數中，內斯尼和亞蘭希臘語新約（NA[26]）記載有635次，聯合聖經公會希臘語聖經第三版（UBS[3]）載有共394次；衛斯特寇特和霍特認為在404節經文中，共有278節暗示或引用舊約經文[3]，查理斯斷定為226次[4]。列斯催恩甘認為啟示錄有七分之一的內容是來自舊約[5]。即使有這些不同，但確有一個相同的地方，就是啟示錄學者們大致同意，啟示錄所引用舊約的次數勝過新約任何其他書卷。

在研究啟示錄時，我們當然需要看看啟示錄和舊約的關係，從而可以知道約翰如何並為何要引用舊約，如此方能對啟示錄有更完整的了解，正如麥克斯所說：「在了解本書時，我們必須一邊翻看舊約聖經，一邊反覆思考約翰怎樣引用這些舊約經文。」[6] 因此，在這章中，我們將探

---

1 Fiorenza (*The Book of Revelation: Justice and Judgment*, pp.135~136) 就傾向這樣的看法，並認為約翰並沒有認真引用舊約，也沒有將舊約視為權威。反之，Beale 的 *The Book of Revelation* 卻是完全從舊約的角度來讀啟示錄。Osborne, *Revelation*, p.25 正確地指出，約翰完全了解（並忠於）他所引用的舊約經文，但同時靈活地應用於他異象情境中所寫的啟示文學裏。

2 見 Beale, "Revelation," in *It Is Written. Scripture Citing Scripture*, pp.318~336。

3 見 Swete, *The Apocalypse of St. John*, p.cxl。

4 Charles, *The Revelation of St. John*, ICC, 1.lxv~lxxxiii.

5 Lestringant, *Essai sur l'unité de la révélation biblique.*, p.148.

6 Michaels, *Interpreting the Book of Revelation*, p.107.

討在啟示錄中所出現的舊約主題和預言，並深入分析啟示錄如何引用舊約。

3.1. 舊約主題及預言

讀啟示錄時，應該一手指著啟示錄，另一手找尋舊約（特別是以賽亞書、以西結書、但以理書和撒迦利亞書）的隱喻／暗喻，看約翰如何以最新穎、精辟的方式引用這些比喻。尚未應驗的舊約應許，全在這卷啟示錄中，活潑、信實地應驗（例如創世記中，因人的罪而被隔離的生命樹，在啟示錄中又再次呈現。見 4.4.「主要的對比角色」)。你愈了解舊約，就愈能明白啟示錄。

看見約翰利用第 1 世紀信徒所熟悉的事件，就知道約翰很關心信徒所處的環境。在前四號的審判中，有雹子摻著血丟在地上（第一號）；彷彿火燒著的大山扔在海中，海的三分之一變成血（第二號）；燒著的大星好像火把從天上落下來（第三號）；日月星的三分之一被擊打而沒有光（第四號）。第 1 世紀的讀者當然會立刻想到公元 79 年無情的事實——維斯威火山埋了龐培城，在猶有餘悸之下，心更被末世的災害所震撼[7]。

當然，約翰不僅運用當時所發生的事件來描繪啟示錄，而且大量使用讀者所熟悉的舊約和兩約間的文獻，來提醒讀者末世的可怕。例如，他將神如何藉以利沙將苦水變甜水的

7　維斯威火山的爆發如何被運用於啟示錄，見 Stauffer, *Christ and the Caesars*, pp.147~148。

典故（王下二章），反過來描繪：當第三號來臨時，甜水會變成苦水，因而死了許多人（八 10～11）。約翰更用舊約最特別的部分—創世記，來描繪末世降臨時，人間所需的綠色植物（第一號）、海中的魚產（第二號）、淡水（第三號）與光（第四號），都是神在前四號中審判的對象（八 7～12）。

此外，約翰還用了舊約的約珥書和撒迦利亞書，特別以出埃及記為背景，使啟示錄的七號和七碗，緊緊地回應著出埃及記，叫讀者聯想到昔日法老王和埃及人的遭遇是何等可怕：

1. 神如何在出埃及記行十個神蹟，也照樣要在末世藉天然災害行審判（如雹子、火、海水變成血、眾水變茵蔯、黑暗之災、蝗災、毒瘡、日頭烤人、蛙災等；八 7～12，九 1～11，十六 2～3、4～7、8～9、12～16；出七 14～25，八 2～6，九 8～12、13～25，十 12～20、21～23；參珥一 6～二 5）。
2. 過了紅海的以色列民，目睹神如何將法老王的追兵淹沒水中，因而在紅海邊唱摩西之歌（出十四～十五章）；信徒也照樣要在七號與七碗間，唱摩西之歌（十五 3）。
3. 如鷹被神背在翅膀上、來到西乃山下的以色列民，看到山上的雷轟、大聲、閃電、地震（出十九 16～18）；啟示錄裏的七號審判，也有相同的情境：「天使拿著香爐，盛滿了壇上的火，倒在地上；隨有雷轟、大聲、閃電、地震。拿著七枝號的七位天使就預備要吹。」（八 5～6，十一 19，十六 18）。

仔細讀就會發現，七印與七號有相似之處。兩者皆先呈現四（四印、四號），再描繪後三印與後三號[8]；但不同的是，前四印是人的罪、權力和欲望所引起的自然災害（見 7.3.「羔羊與騎白馬者」），而前四號的災害（八 7～12），是神在垂聽祂受苦百姓的禱告後（七 17：受苦信徒的眼淚；八 3～5：眾聖徒的禱告）所引爆的。原來神行審判的原因，正如當年救以色列人出埃及一樣，是為了祂受苦的百姓！

前四號皆加害於自然，人類僅是間接受害，一直到五至七號災害才加諸於人。在前七印中，被殺害的比例是四分之一（六 8）；在前四號中，約翰用了「三分之一」12 次（第六號中有兩次記載三分之一）；但到了七碗災害中，神沒有保留地將忿怒傾倒在剛硬的人們身上[9]。如此闡述是要幫助讀者了解：神行審判，往往手下留情，盼望世人悔改！公義的神審判時，仍盼望給人間出路，因為公義的神，也是慈愛的神。每次審判都是為了阻止人繼續剛硬，盼望他們能趁早悔改，好躲避更大的災害。

讀到有關基督論的敘述時，特別需要看約翰如何呈現舊約的神學中心——有關彌賽亞的盼望！我們可以從約翰所記人子耶穌的顯現（一 12～16），來分析約翰如何引用舊約彌賽亞的預言，從而了解約翰如此引用這些經文，目的就是要讓讀者知道耶穌才是末世的審判官及君王。

1. 西乃山上神的顯現（出二十章）
2. 雷電風雨中的顯現（詩十八 7～15，二十九 3～11，五十 3，六十八 8，九十七 2～5，一四四 5～6；賽六十四

8　Beale, *The Book of Revelation*, p.128.

9　吳獻章著：《聖經真密碼——啟示錄新解》，頁 213～216。

1～3；亞九 14；番一 15～16）

3. 乘車輦的顯現（賽十九 1，六十六 15；哈三 8；但七 9～10；詩六十八 17、33；申三十三 26）
4. 人形像的顯現：法庭式（賽六 1～5；王上二十二 19～22；伯一 6，二 1；但七 9～10；詩八十二篇，八十九 5～14）；個人式（士十三 6～22；創二十二章；但七 13，十 5；徒九 3～7；啟十九 11）；戰士式（亞九 14～15，十四 3～5；哈三 3～15；賽五十九 17～19，六十三 1～6；番三 17）
5. 榮耀燦爛的顯現（賽六十 1～2；瑪四 2；詩八十 1、3、7、19，九十四 1）
6. 駕著雲彩的顯現（出四十 34～38；民九 15～23；申四 32～36；王上八 10～11；結八 4，十 3～4、18～19，四十三 2～7，四十四 4）

但我們也須留意，人們要等到尚未應驗的經文應驗之後，才能明白那些經文的意思。正如先知以賽亞所預言的「必有童女懷孕生子，給他起名叫以馬內利」，猶大王亞哈斯當然不明白是指誰（賽七 10～17）。因為這個以馬內利不是指以賽亞的兒子（賽八 3），也不是希西家（賽三十六～三十九章）、約西亞、所羅巴伯等。要等到新約馬太福音所記載的耶穌出現，我們才能完全明白，祂道成肉身在童女馬利亞的腹中（太一章），是西面所盼望的以色列的安慰者，被抱著來到聖殿的那位（路二 25～35）。

因此，我們必須承認，我們仍然有許多末世的預言不能明白，正如舊約的人讀到彌賽亞第一次降臨的經文，有彷彿對著鏡子觀看，模糊不清之感（林前十三 12）。這就是為甚麼耶穌會派人這樣回答被囚的施洗約翰的疑問，祂說：「凡婦人所生的，沒有一個興起來大過施洗約翰的。然而天國裏最小的，比他還大。」（太十一 11）原來舊約中的先知（以施洗約翰為代表）和我們最不同的地方，就是他們尚未看到道成肉身的應驗。

因此，讀到啟示錄不解的經文如「六百六十六」（十三 18；見 4.4.「主要的對比角色」）和「哈米吉多頓」（十六 16）時不必感到氣餒[10]，更不可強解聖經，免得在我們所傳講的預言中徒增信徒困擾，甚至等到事過境遷，預言落空[11]，使信徒喪失信心。解經的基本態度仍然是「知之為知之，不知為不知，是知

---

10 哈米吉多頓（῾Αρμαγεδών）的「哈」，希伯來文可指山（הר，或城市〔עיר，但 Metzger 鑑定此讀法為受晚期拜占庭手抄本影響〕），果真如此，則哈米吉多頓可能指著米吉多而言。但米吉多（王下九 27）並不是山，因此有建議為米吉多附近的山（如迦密山，Farrer），或以西結預言的末世山（結三十八 8～21，三十九 2、4、17；Beckwith 指出神以往在此打敗以色列仇敵）、聚會之山（Torrey、Bruce；賽十四 13——撒但自高之山）、或“City of Assembly”（譯作「聚會的城市」或「喜悅的城市」——耶路撒冷），甚至是毀滅之城（גדד 的分詞，意思為“to break/cut/fall upon”，耶五十一 25；Caird 和 Kiddle 皆指為羅馬，而非耶路撒冷）。見 Jeremias, “Har Magedon [Apc. 16.16],” 73~77。如此多且差異極大的解釋（與十三章 18 節之六百六十六的解釋一樣多得令人暈眩），學者沒有共識，惟一可確定的，是其代表神勝過撒但之場所。Mounce, *The Book of Revelation,* pp.301~302 和 Aune, *Revelation 6-16*, pp.898~899，皆僅能定位為末世上帝與撒但決戰之處。

11 以石油危機為背景的《哈米吉多頓大戰》一書，就是最好的例子。該書作者 Walvoord 是時代主義大師，原書名為 *Armageddon, Oil and the Middle East Crisis*。書一出廠，洛陽紙貴。原書帶給信徒極高的警惕作用，但是當 1975 年石油危機一發生，特別是 1989 年蘇俄一瓦解，作者刻意將「北方來的羅施」（結三十八 1），強解為 Russia（「羅施」原文意為「頭」，音誤才可能被讀為「俄羅斯」），從歷史應驗的角度看，是個錯誤的解經。

也。」正如司布真所說：「這證明上帝比我們更大！」經上不也這麼說：「親愛的弟兄啊，我們現在是神的兒女，將來如何還未顯明，但我們知道，主若顯現，我們必要像他，因為必得見他的真體。」(約壹三 2)

3.2. 啓示錄引用舊約

正如上面所提到的，約翰雖然沒有直接引用舊約，但是舊約的痕跡充滿全書。從大架構看，啟示錄四章的背景，明顯與以西結書一章相似；十三章受但以理書七章影響；新天新地和新耶路撒冷的描繪，很難不叫人聯想到以西結書四十至四十八章。而且，不像新約其他正典所引用的舊約，各有所偏（譬如馬太福音、羅馬書、希伯來書引用摩西五經、以賽亞書、詩篇過於其他舊約書卷），啟示錄則是很均勻地引用五經、詩篇、以賽亞書、以西結書、但以理書、小先知書和耶利米書[12]。

整卷啟示錄引用的舊約典故就超過 200 次以上，而這些典故的引用，正如包衡所說，是闡述作者神學主旨所必須，絕非作者偶發的隨筆而已[13]，哈維還甚至認為啟示錄中有許多舊約的字句、主題和信息，但是引用的結果有時變成全新的效果[14]。

---

12 根據聯合聖經公會希臘文新約(*UBSGNT*)。圖表見 Moyise, *The Old Testament in the Book of Revelation,* pp.14~16。

13 Bauckham, *The Theology of the Book of Revelation,* p.60；中譯本《啟示錄神學》，頁 22。

14 Halver, *Der Mythos im Letzten Buch der Bibel*, p.15.

在解釋這些典故時須留心，啓示錄和所引用舊約經典有不同的時空背景，因此，約翰在引用舊約經文時（所謂的「文本互涉（intertextuality）」[15]，並非「照單全收」[16]，而是給予原經文合適的神學融合與闡述[17]，以達到啓示錄所要呈現的神學主題[18]。譬如從以西結書來看，雖然啓示錄中對新城的描繪深深受以西結書四十至四十八章影響，但是約翰所描繪的新城中，舊約最重要的敬拜中心聖殿，卻是被「主神全能者和羔羊爲城的殿」所取代（二十一 22）。以西結書一章寶座異象中，擁有四個臉和四個翅膀的四活物，臉旁的四輪周圍滿有眼睛；在啓示錄四章中，四活物的容貌（獅子、牛犢、人和飛鷹），與以西結書所描繪的雷同，但啓示錄中的四活物有六個翅膀（非四個翅膀，且看不到四輪的蹤影），

---

15 Moyise 主張：「文本互涉的作用，是要發掘原文如何在後來的新作中引發新義，而所含的新義乃源出於原文。」(*The Old Testament in the Book of Revelation*, p.111)

16 Moyise, *The Old Testament in the Book of Revelation*, p.111：「讀者會考慮舊約原文的本意，但其含義會受到新作結構的脈絡所影響。」有關於後面啓示錄作者是否正確了解舊約作者的文意（authorial intent），最近的爭議見 Paulien, "Dreading the Whirlwind. Intertextuality and the Use of the Old Testament in Revelation," 5~22；Beale, "A Response to Jon Paulien on the Issue of the Old Testament in Revelation," 23~33；Moyise, "Authorial Intention and the Book of Revelation," 35~40。

17 周兆真在〈偉大的老師：啓示錄作者的特性〉，頁 43 指出，約翰「能運用讀者已知的資料和相信的事，一方面重提先知過去的預言，幫助讀者藉溫故而知新，另一方面帶出自己的觀點」。

18 Ruiz 認爲約翰在引用舊約經文時「與該經文並其上下文對話」。(*Ezekiel in the Apocalypse. The Transformation of Prophetic Language in Revelation 16.17~19.10*, p.520)。

而且遍體內外都滿了眼睛（並非以西結書所說，四輪周圍滿有眼睛）。以西結書四輪中那推動四活物的靈（結一 18～21），在約翰看到的寶座前的異象中，變成寶座前的七燈、七靈（四 5）。

此外，在讀完坐在寶座上那位創造萬有的上帝的描繪後（四章），接著讀到那位配展開末世書卷、在寶座與上帝同掌王權、象徵權柄的「猶大支派中的獅子」時（五 5；引自創四十九 9），在約翰（和讀者）眼睛裏所看到的，竟是象徵柔弱的被殺過的羔羊（五 6；引自賽十一 1～5）[19]！如此將兩處舊約經文融合一起的手法，除了彰顯基督是世上君王元首外（一 5），更彰顯了基督是藉著從死裏復活而成爲君王元首（一 5）。啓示錄這些語言、文法特徵，浮現了救恩之功得以完成的基本原因——十字架[20]，也因著文學手法所呈現的神學主題的光照下（文以載道），啓示錄四、五章的敬拜被推到最高潮。因此，啓示錄六至十九章中的末世災害，有了正確並可供鳥瞰的神學根基[21]。

---

19 相同的，當天使告訴約翰羔羊的新婦，約翰看到的卻是新耶路撒冷城（二十一 9～10）。在第七章，約翰聽到了以色列各支派中的十四萬四千人，然而看到了，卻是各國各族各民各方來的人「沒有人能數過來」。

20 Caird 在 *A Commentary on the Revelation of St. John The Divine* 中提議：「每當舊約提到『獅子』，我們該讀爲『羔羊』。每當舊約提到彌賽亞的得勝或打敗上帝的仇敵時，我們該記得福音書表明，除了十字架外，沒有其他得勝的管道。」（p.75）另見 Sweet, *Revelation*, p.125；R. Bauckham, *The Climax of Prophecy*, pp.179~185 則更準確地指出，約翰將兩個截然不同的象徵（得勝的「獅子」和受死的「羔羊」）並列，創造出新的象徵，羔羊藉著十字架帶出新的出埃及和新以色列。

21 Boring, "Revelation," 118.

觀察約翰如何引用舊約時需留意，不要因爲啓示錄與舊約的某一卷書有文本互涉的地方[22]，就料定約翰必然是以那經卷作爲寫作架構，忽略約翰也可能受其他書卷的影響，因而疏忽了其他書卷的貢獻，導致在解經系統上的偏差。例如，爲了強調重述要點的架構，畢爾牽強地將但以理書讀進啓示錄[23]，而疏忽了但以理書的整體性，也疏忽了啓示錄漸進集中性的特徵，並疏忽了約翰在他的啓示錄十七至二十二章中，引用以賽亞書中錫安更新的主題，來闡述末世人間墮落的高峰——以撒但、大淫婦和巴比倫爲代表，如何被羔羊、新婦、新耶路撒冷所更新的貢獻[24]。

另外，弗格斯森正確地指出以西結書和啓示錄有緊密平行之處[25]，就是新耶路撒冷的十二支派名字，其經文引用處也是來自以西結書四十八章 30 至 34 節。但是當弗格

22 其評估見 Beale, “Questions of Authorial Intent, Epistemology, and Presuppositions and Their Bearing on the Study of the Old Testament in the New. A Rejoinder to Steve Moyise,” 152；Beale, “John’s Use of the Old Testament in Revelation,” 166。

23 Beale, *The Book of Revelation,* pp.135~141 和 *The Use of Daniel in Jewish Apocalyptic Literature and in the Revelation of St. John*。

24 參筆者博士論文，Wu, *A Literary Study of Isaiah 63~65 and Its Echo in Revelation 17~22*, pp.183~286。

25 譬如兩書卷（啓五 1，十 1～10；結二 8～三 3）；地受審判（啓六，八章；結五，七，八章）；巴比倫異象（啓十七，十八章；結十六，二十三，二十六～二十八章）；歌革、瑪各（啓十九～二十章；結三十八～三十九章）；應許更新（啓七 13～14，十一 11，二十一 3；結三十四，三十七章）；聖殿與聖城（啓三 12，十一 1～2，二十一 9～二十二 5；結四十～四十八章）；寶座異象（啓四章；結一，十章），先知蒙召（啓一章；結一～三章）。見 Vogelgesang, *The Interpretation of Ezekiel in the Book of Revelation*, pp.24~53。

斯森發現，以西結書四十至四十八章所看重的聖殿，在啓示錄二十一章22節中卻完全消失，他遂質疑約翰有強解以西結書之嫌[26]。其實，學者絕大部分都同意，以西結看重以色列國復興的觀點[27]，與啓示錄所強調各國各方各族各民的歸向神，很不相同。就是啓示錄二十二章2節所引用的經文一以西結書四十七章 12 節，其祝福焦點是以色列國，而非列邦列國[28]。這不表示聖經不同經卷間互相抵觸，只是兩位作者因著不同的時代背景，所以有不同的著眼點而已[29]。因此，在研究啓示錄與舊約的互動關係時，我們需留心戴上約翰（而非其他經卷之作者）的眼鏡來讀[30]！

---

26 Vogelgesang, *The Interpretation of Ezekiel in the Book of Revelation*, pp.76~127.

27 如 Childs, *Introduction to the Old Testament As Scripture*, p.371；Boadt, "Book of Ezekiel," pp.720~721；Alexander, "Ezekiel," pp.745~746。

28 Beale, "Revelation," p.328.

29 正如周兆真在〈千禧年解釋——回顧與再思〉，222~223 正確地指出，約翰不會機械性地使用以西結書三十七至四十八章，他使用舊約時有自己的創意（譬如，以西結書中重要的聖殿，在啓示錄中的聖殿卻不復存在，見啓二十一 22，二十二 1、3）。

30 Koester, *Revelation and the End of All Things*, p.38 正確地提醒，讀啓示錄時應當從第一章到二十二章完整地讀，而非從舊約不同的相關經文，天馬行空跳躍式來讀進啓示錄。

第四章

啟示錄的文學特徵

啓示錄和其他新約書卷不同之處，不在教義方面，而在它獨特的文學風格和題材。這卷在新約中最暗昧難明、最多爭議的書卷，本身是一卷末世審判和賜福的預言之書（一 3，二十二 7、9、18～19），內容包含著警惕和安慰的信息，而這些信息卻是完全透過作者的特殊文學筆法——啓示文學——傳遞出來。約翰藉著啓示文風所要表達的信息，對於熟悉舊約背景和兩約之間豐富的啓示文獻的第 1 世紀讀者而言，並沒有那麼隱晦難明；但是 21 世紀的讀者，對於約翰（和第 1 世紀讀者）所耳熟能詳的文體、符號和比喻若沒有接觸和掌握，讀起來必會覺得古怪難解。因此，本章將針對約翰所用的啓示文學的語言特色、他運用啓示文學的原則、他如何使用「地上與天上的交換鏡頭」的特寫，和他行文中所特別流露出的「對比」手法（從羔羊、撒但和新耶路撒冷城、巴比倫看對比），有深入的探討和檢視，好幫助我們對後面幾章中所要探討的議題：如末世論、上帝觀、基督論、三位一體神觀、聖靈論等，有全面性的詮釋根基。

4.1. 語言特色

本書所用希臘文的風格與形式貼近希伯來文與亞蘭文，因而導致不規則語法[1]。這些不規則的語法，大部分發生在格變化（case）、數式、語法性或人稱上[2]，因此偶有不容

---

1 Charles, *Studies in the Apocalypse*, pp.79~102; Torrey, *The Apocalypse of John*, p.158; Mussies, “The Greek of the Book of Revelation,” pp.167~170.

2 見 Beale, *The Book of Revelation*, pp.101~102。

易翻譯之處（見第二章「作者和寫作日期」）。這不表示約翰不熟悉希臘文（他是活在希臘文化已久，並已寫下約翰福音及約翰一、二、三書的老使徒，在啟示錄中多處皆流露其典雅的希臘文功力[3]）。但他似乎刻意用古老又有希伯來文背景的希臘文[4]，好提醒他的讀者要聯想到舊約聖經（見 3.1.「舊約主題及預言」和 3.2.「啟示錄引用舊約」）。[5]

一打開啟示錄立刻會發現約翰用了許多數字，這些數字中最顯著的是 7、4、3 和 12（和它們的倍數）。這些數字的使用往往是啟示錄解經中的重要關鍵（見 6.4.「啟示錄的基督論」和 7.4.「象徵性解經」）：[6]

1. 「四分之一」：七印中的「四分之一」（六 8）。
2. 「三分之一」：七號中的「三分之一」（八章，九 15）。
3. 「一」：「一位坐在寶座上」（四 2）；「一個白色大寶座」（二十 11）和「一個新天新地」（二十一 1）。

---

3 譬如一章 4 節。見 Harrison, *Introduction to the New Testament*, p.462。

4 Robertson, *A Grammar of the Greek New Testament in the Light of Historical Research*, pp.135~137; Fanning, *Verbal Aspect in New Testament Greek*, pp.271~274.

5 Roloff（*Revelation*, p.12）：「他〔約翰〕刻意運用了一些古味盎然的希伯來式希臘文，好叫他的讀者聯想起舊約聖經的語言。細心察看，將發現他在語言和概念方面，均大量引用了舊約聖經的內容。」另見 Beale, *The Book of Revelation*, pp.100~105。Osborne 也指出，約翰這樣使用不規則的希臘文，是因為受了《七十士譯本》影響，同時也是舊約典故充斥全書使然（*Revelation*, pp.24~25）。

6 聖經中的數字法，見 Davis, *Biblical Numerology*；啟示錄中的數字法，見 Bauckham, *The Climax of Prophecy*, pp.29~37；Beale, *The Book of Revelation*, pp.60~64。

4. 「二」:「兩個見證人」(十一 3);「兩角」(十三 11)。
5. 「三」:「聖哉聖哉聖哉」(四 8);「新耶路撒冷的東西南北各三門」(二十一 13)。
6. 「三年半」: 這與信徒的受苦有關，代表「七」的一半的數目尚有「一千二百六十天」(十一 3，十二 6)、「四十二個月」(十三 5)、「一載兩載半載」(十二 14)。
7. 「四」:「四活物」(四 6，五 6，十五 7);「四匹馬」(六 1～8);「四角、四方」(七 1);「地上四方的列國」(二十 8)。
8. 「六」:「六百六十六」(十三 18)。
9. 「七」:「七個金燈臺」(一 12、20);「七星」(一 16、20);「七教會」(一 4、11，二～三章);「七燈」(四 5);「七角、七眼、七靈」(五 6);「七印」(五 1～2，六 1);「七號」(八 2);「七災、七碗」(十五～十六章)。「七重福氣」(一 3，十四 13，十六 15，十九 9，二十 6，二十二 7、14)。另外與撒但有關的「七頭」(十二 3，十三 1，十七 3、7、9)。
10. 「十」:「十角」(十二 3，十七 3、12、16);「十王」(十七 12)。
11. 「十二」:「十二星的冠冕」(十二 1);「十二個門」(二十一 12、21)、「十二支派」(二十一 12); 新耶路撒冷的「十二根基」、「十二使徒」、「十二寶石」、「十二顆珍珠」(二十一 14～21);「十二樣果子」(二十二 2)。另外與十二有關的有「二十四位長老」(四 4、10，五 8，十九 4);「二十四個座位」(四 4);「十四萬四千人」(七 4，十四 1); 各支派的「一萬二千人」(七 5～8)。

在啓示錄裏，約翰擅長用重複的文學手法來表達他的信息。首先，從約翰寫信給七個教會來看[7]，這七個教會雖然都處於第 1 世紀羅馬帝國「山雨欲來風滿樓」的逼迫陰影下，但是每一個教會所面對的問題和挑戰卻完全不同[8]，而基督對每一個教會的自我稱呼完全不同，給這七個教會的應許也完全不同[9]；但是得祝福的惟一條件就是「得勝的」(ὁ νικῶν)，7 次重複的「得勝的」(二 7、11、17、26，三 5、12、21)，如雷貫耳般深入聽者心田[10]，加上 7 次的「聖靈向眾教會所說的話，凡有耳的，就應當聽」[11]，自能挑旺讀者，引頸盼望在新天新地中所要應驗的祝福（這些祝福要等到二十一至二十二章才出現)。如此重複手法，達到堅固信徒信心的果效，鼓勵他們昂首勝過第 1 世紀（和歷世歷代讀者）所要面對的挑戰（如羅馬帝國的逼迫)。

約翰所使用的重複手法往往提供了啓示錄解經的重要

---

7 啓示錄是一封巡迴書信。見 Bauckham, *The Theology of the Book of Revelation*, pp.12~17（中譯本：《啓示錄神學》，頁 16～21）。若不留心到這卷書是約翰寫給第 1 世紀小亞細亞七個實際存在的教會這一點，便很容易會將啓示錄當作是純粹寫給後來世代的預言書。見第七章「啓示錄的釋經問題」。

8 七教會的光景不能用「苦難」或「世俗化」來概括之，否則會陷入整卷啓示錄解經上的錯誤。見 7.2.「七教會等於七個時期？」

9 陳濟民著：《未來之鑰》，頁 91。

10 周兆真在〈偉大的老師：啓示錄作者的特性〉，頁 46 指出，約翰在第二至三章用了工整的結構和重複的語法，是要達到讓讀者「牢記」的功用（如同猶太拉比教學法）。

11 希臘文是：ὁ ἔχων οὖς ἀκουσάτω τί τὸ πνεῦμα λέγει ταῖς ἐκκλησίαις.

線索。譬如在 4 次的「哈利路亞」(十九 1、3、4、6)[12]，和羔羊婚娶之後(十九 7～10)，萬王之王騎白馬降臨的「我看見」(Καὶ εἶδον)[13]，一直成為約翰所看到連續異象[14] 的開場標誌(十九 11、17、19，二十 1、11、12，二十一 1、2)，似乎也給爭議已久的千禧年的解經留下了解碼(見 7.1.「不同末世論」)。

在新約中，啟示錄所用的希臘文無與倫比。約翰除了擅長用重複的文學手法外，他更用了許多對比和異象來表達他的信息。譬如，在末世七碗之災的末期，約翰藉著 3 個異象來闡述：大淫婦(十七章)、巴比倫(十八章)，和獸(十二～十三章，十七章，十九～二十章)，並且用另外 3 個異象，來結束末世的災害：新婦(十九 7，二十一 2)、新耶路撒冷(二十一～二十二章)，和羔羊(十九章，二十一章)；而在巴比倫傾倒、大淫婦受審判敗落(十七章～十九 2)、獸正準備被捆綁(十九 19～二十章)之際，約翰罕見的 4 次重複「哈

12 全本新約聖經中，只有在啟示錄十九章出現過「哈利路亞」(Hallelujah)，這可能就是後來教會崇拜禮儀的濫觴。見 Guthrie, "Aspects of Worship in the Book of Revelation," 70~83。

13 在啟示錄中有幾個文學指標，能幫助我們了解約翰受聖靈感動而寫下該書時的分段，譬如：εἶδον(十三 1～2、11，十四 1、6、14，十五 2，十七 3、6，十八 1，十九 11、17、19，二十 1、4、11～12，二十一 1～2、22)，ὤφθη(十一 19，十二 1、3)，δείξω σοι(十七 1，二十一 9)和 ἔδειξεν μοι(二十一 10，二十二 1)。見 Bowman, "Book of Revelation," p.62。

14 包括彌賽亞第二次出現(十九 11～16)，天使邀飛鳥赴筵(十九 17～18)，獸及軍隊被騎白馬者滅(十九 19～21)，撒但受捆綁(二十 1～3)，殉道者掌權千年和撒但的末日(二十 4～10)，白色大寶座審判(二十 11～15)，新天新地(二十一 1)和新耶路撒冷(二十一 2)等。

利路亞」(十九 1、3、4、6),來闡述羔羊如何打敗獸,迎娶新婦取代敗壞的大淫婦,並在拆毀巴比倫後,進入新天新地、新耶路撒冷城[15]。

對現代人而言,啟示錄中的語言所表達出來的象徵和暗示是個謎。正如彼得用「巴比倫」來暗示羅馬(彼前五 13),啟示錄十三章中十角七頭的海獸,和那「坐在眾水上」、「管轄地上眾王的大城」巴比倫的大淫婦(十七 1、18,十八章),多少影射羅馬帝國[16];第六號和第六碗所指的伯拉大河,則是羅馬帝國的東界。這種語法表達方式,與作者所面臨的是高傲無情的羅馬政權,正要逼迫教會所可能帶來的危險有關。

但約翰語言表達的涵蓋性,超過羅馬帝國的文化。譬如,啟示錄十二章對婦人、龍和孩子的刻畫,又寫到他們之間的衝突,幾乎每一個時代都有類似的說法。約翰用「國際神話」的語言來闡述敵基督,這種象徵手法,對任何背景的人都有震撼力[17]。這本書除了寫給第 1 世紀的教會外,更是寫給各世代的人(一 3)。

啟示錄除了有象徵和暗示的語法外,還有諷刺手法。啟

---

15 約翰用巴比倫和新耶路撒冷城的對比,以鼓勵神的百姓擺脫巴比倫城的迷惑和污穢敗壞,進新城耶路撒冷讓生命得享醫治,見 Deutsch, “Transformation of Symbols: The New Jerusalem in Rv 21^{3}—22 ^{5},” 106~126。

16 十三章諷刺羅馬帝國的政治,十七章諷刺羅馬帝國的經濟,但兩者也同時諷刺羅馬帝國的宗教。見 Bauckham, *The Theology of the Revelation*, p.35~39(中譯本:《啟示錄神學》,頁 47~53)。

17 奧斯邦著,劉良淑譯:《基督教釋經學手冊》,頁 310(原著:Osborne, *The Hermeneutical Spiral*, p.229)。

示錄第四至五章以羅馬皇帝凱撒的宮廷為背景[18]。在約翰的時代，羅馬皇帝挾著赫赫權位，試圖席捲人間敬拜的寶座焦點，但是啟示錄一開始就畫龍點睛地說，坐寶座的正是上帝，而「世上的君王元首」不是別人，是耶穌基督（一 4~5）。啟示錄並以「昔在、今在、以後永在」（一 4、8，四 8，十一 17，十六 5）、「首先的、末後的」（一 8、17，二 8，二十一 6，二十二 13），和「直到永永遠遠」（一 6、18，四 9，十五 7），來暗暗諷刺地上如大江東去、過眼雲煙般的羅馬王權[19]。當耶穌再次降臨時，地上萬族（當然包括羅馬帝國）「都要因他哀哭」（一 7）。

4.2. 啓示文學的運用

約翰文學的高明手法，從耶穌給七個教會的信就可以看出。就拿給以弗所教會的書信來看（二 1~7），約翰的筆法如下：

1. 委任（commission）：「你要寫信給以弗所教會的使者，說……」
2. 身分（character）：「那右手拿著七星、在七個金燈臺中間行走的……」

---

18 Aune, "The Influence of Roman Imperial Court Ceremonial on the Apocalypse of John," 5~26；Stauffer, *Christ and the Caesars*, pp.179~191 認為約翰特意藉著「諷刺詩文」來諷刺當時敬拜羅馬皇帝的禮儀。

19 Bauckham, *The Theology of the Revelation*, p.23~35（中譯本：《啟示錄神學》，頁 31~47）。

3. 稱讚（commendation）:「我知道你的行為、勞碌、忍耐，也知道你不能容忍惡人。你也曾試驗那自稱為使徒卻不是使徒的，看出他們是假的來。你也能忍耐，曾為我的名勞苦，並不乏倦。」
4. 責備（condemnation）:「然而有一件事我要責備你，就是你把起初的愛心離棄了。」
5. 糾正（correction）:「所以，應當回想你是從那裏墜落的，並要悔改，行起初所行的事。你若不悔改，我就臨到你那裏，把你的燈臺從原處挪去。」
6. 呼召（call）:「聖靈向眾教會所說的話，凡有耳的，就應當聽！」
7. 挑戰（challenge）:「得勝的，我必將神樂園中生命樹的果子賜給他吃。」

約翰給這七個教會的信，乃是照著這 7 個 C（Commission、Character、Commendation、Condemnation、Correction、Call 和 Challenge）的一貫文學形式來寫[20]。從共同性來看，耶穌給每個教會的呼召都是相同的，而且都是以「得勝的」這個字眼作結，說明了耶穌盼望每個教會都得勝，而得獎賞的關鍵都在於是否得勝。從差異性來看，惟獨士每拿和非拉鐵非教會缺了責備，原來這兩個教會都是被稱讚的教會；而被稱讚的原因，並不是因為他們是最大、最富有的教會。相反的，這兩個教會是最貧窮（士每拿，二 9）、最小（非拉鐵非，三 8）的教會；七教會中最大的以弗所教會，卻

---

20 陳濟民著：《未來之鑰》，頁 91。

是第一個被責備的教會（二 1～7）；最富有的老底嘉教會，不僅得不到正面的稱讚，反而是受責備最多的教會（三 14～22）。單單從書信的文學形式，就可以看出各教會的靈性光景，我們不得不佩服約翰筆鋒的犀利和精練！

約翰問安的先後次序是先稱讚再責備，如此才容易帶出勸勉的效果——相當符合心理輔導的原則。但是更稀奇的是耶穌向每一個教會所表明的身分都不一樣，祂完全根據每個教會的光景來表明祂的身分，給予每個教會所需要的鼓勵、責備和糾正。例如，對七個教會中的老大哥，這個曾被亞波羅、保羅、提摩太和約翰牧養，有神學分辨能力與訓練的以弗所教會，耶穌要教會中的「使者」知道，教會的主權不在他們手中，而在「那右手拿著七星、在七個金燈臺中間行走的」耶穌（二 1），好讓他們先謙卑下來，聽從主就他們失去了起初的愛心而作的教訓。

士每拿教會曾被猶太人毀謗，教會當中也有人被魔鬼下到監獄裏（坡旅甲就是在此鏗鏘有聲地殉道的）[21]，約翰向這個教會表明耶穌的身分是「那首先的、末後的、死過又活的」（二 8），這樣的稱謂，對於遭逢患難和貧窮的教會，自是帶來安慰與忠心的勇氣。對於有撒但座位之處、政教掛鉤、行姦淫、吃祭偶像之物的別迦摩[22] 和推雅推喇兩教會，

---

21 見初代教會歷史學家優西比烏的 *History of the Church*, IV, 15; 黃錫木編著，《四福音與經外平行經文合參》，pp.454~455；Dowley ed., *Eerdmans' Handbook to The History of Christianity*, p.81；公教真理學會編譯：《聖人傳記一》，頁 152～154。

22 「撒但座位之處」未能確定所指為何物，可能是別迦摩衛城山頂上的宙斯廟、雅典娜廟或其旁的羅馬皇帝他雅努和哈德良的廟（這些廟中的遺物現今存留在柏林博物館裏）。目前存留在兩廟中間的，

耶穌的身分極為公義嚴厲：一為「有兩刃利劍的」，另一為「眼目如火焰、腳像光明銅的上帝之子。」（二 12、18）[23] 對於不知儆醒、一無是處的撒狄教會，耶穌的身分是「有上帝的七靈和七星的」（三 1），盼望這教會靠聖靈儆醒，預備迎接掌權的主降臨。

對於因為信仰而被關在猶太教門外的非拉鐵非教會，約翰稱呼耶穌為「那聖潔、真實、拿著大衛的鑰匙、開了就沒有人能關、關了就沒有人能開的」（三 7），該教會當然會因此大得安慰，並將眼目放在執掌永恆國度的大衛子孫——彌賽亞上。對於原以為很富有（有礦產和紡織工業，又是醫學中心）的老底嘉教會，約翰稱呼耶穌為「那為阿們的，為誠信真實見證的，在神創造萬物之上為元首的」（三 14），讓這教會認清他們的真相是貧窮到連水都沒有！[24] 在對七個教

據考古學者指出，就是安提帕被火煎燒之烤窯遺跡（二 13）。亞歷山大大帝的將軍拉西馬德斯原本掌管別迦摩的建造，他死後所留下的財寶成為興建這些廟宇的資金。兩廟旁山坡上矗立著龐大的羅馬競技場，加上「尼哥拉一黨人」會藉著政教掛鉤來逼迫信徒（二 15），這些線索似乎提供了「撒但座位之處」，更可能是撒但藉著該城的政治和宗教（因此有政治人物「巴勒」和宗教人物「巴蘭」，二 14）等人間勢力的綜合體。見 Edmonds, *Turkey's Religious Sites*, pp.125~128；Blake & Edmonds, *Biblical Sites in Turkey*, p.130。

23 約翰不僅藉著「眼目如火焰、腳像光明銅的上帝之子」來回應舊約，引證耶穌就是但以理所盼望的那人子（但七章；詩二篇。見 Beale, *The Book of Revelation*, pp.259~260），更似乎用此來對比於當時以為羅馬皇帝是宙斯之子（太陽神阿波羅）的化身之傳說。耶洗別可能真有其人，也可能是淫蕩的表徵（Edmonds, *Turkey's Religious Sites*, p.128; Blake & Edmonds, *Biblical Sites in Turkey*, pp.131~133），其源頭來自舊約的列王紀下九章，是在推雅推喇教會引誘信徒行姦淫、吃祭偶像之物，見 Beale, *The Book of Revelation*, p.261。

24 有關於七教會的歷史和地理背景，見楊牧谷著：《基督書簡：啓示

會的信息中，約翰藉著耶穌的身分，帶出祂接下來的信息，如此一氣呵成，聽者自然容易因著他筆鋒的感染力，成為過得勝生活的信徒，作者擅於「文以載道」的本領真令人佩服！

啟示錄是新約最後一卷書，我們若進入約翰的處境，必然知道要將舊約中許多末世性的經文和所有的基督論都濃縮在筆下，其困難有多大。因此，正如 4.1.「語言特色」一段中所提及的，約翰便利用富含意象、典故／暗喻與象徵／表徵的末世啟示文學來寫啟示錄！

這種具有先知信息（一 3，二十二 7、18～19）的啟示文學，在公元前 3 世紀到公元 2 世紀，廣泛在猶太教與基督教界使用，例如，偽經和次經中的《以諾一書》、《以諾二書》、《以諾三書》、《禧年書》、《摩西升天記》、《以賽亞升天記》、《巴錄二書》、《巴錄三書》、《以斯拉四書》、《所羅門詩篇》、《亞伯拉罕遺訓》、《亞伯拉罕啟示錄》、《十二族長遺訓》（其中的《利未遺訓》、《拿弗他利遺訓》、《約瑟遺訓》、《亞當和夏娃生平》、《黑馬牧人書》、《西卜神諭篇》[25]，昆蘭經卷中的《戰卷》[26]。新約中有耶穌在橄欖山上的講道（如可十三章、太二十四章），哥林多前書十五章、帖撒羅尼迦後書二

錄與七教會書信》；Hemer, *The Letters to the Seven Churches of Asia in Their Local Setting*, 1986; 和 Yamauchi, *The Archaeology of New Testament Cities in Western Asia Minor*, 1980。

25 想對舊約次經、舊約偽經、新約次經作宏觀並深入了解者，可參黃錫木著：《基督教典外文獻概論》（2000 年）；另見鮑維均、黃錫木、羅慶才、張略、岑紹麟著：《聖經正典與經外文獻導論》（2001 年），其中黃錫木所著〈典外文獻的歷史處境〉（第六章）和〈基督教典外文獻簡介〉（第七章）。

26 見鮑維均、黃錫木、羅慶才、張略、岑紹麟著：《聖經正典與經外文獻導論》，其中黃錫木所著〈死海古卷〉（第十章）。

章、彼得後書三章、猶大書；舊約中有以賽亞書二十四至二十七章、以西結書三十七至三十九章、約珥書、但以理書和撒迦利亞書等[27]。

這種先知型啟示文學的文體，內含警告與安慰以及將來的審判與祝福。此種表達方式為第 1 世紀讀者所熟悉，其效果往往比直接的表達更大。例如，約翰用「喝醉了聖徒的血」的婦人（十七 6）來代表邪惡，激發讀者對邪惡和敗壞所引發的聯想，刺激讀者把新舊約的相關經文串連起來（例如與耶洗別有關的經文），達到的效果遠超過平白的「邪惡」一詞[28]。

仔細比較啟示錄和新約其他作者如何引用舊約，就不得不佩服約翰！一般新約作者在引用舊約時，往往以直接或間接引用為主，約翰卻用了許多典故／暗喻。但這樣引用所帶來的效果，就比直接或間接引用更有威力。例如，為了表達在六號與七號之間，需要有不一樣的聲音，必須有人像約翰一樣吃書卷，然後去向多民多國多方多王說預言（十 8～11），更須有人像兩位見證人那樣傳道（十一 1～13），好迎接基督在世上的國度（十一 15），約翰先闡述這不一樣聲音的來源：

> 「我又看見另有一位大力的天使從天降下，披著雲彩，頭上有虹，臉面像日頭，兩腳像火柱。他手裏拿著小書卷，是展開的。他右腳踏海，左腳踏地。」（十 1～2）

27 Poythress, *The Returning King*, pp.45~47.

28 Beale, *The Book of Revelation*, pp.860~863.

這裏約翰將神的幾個屬性表露無遺：(1) 榮耀的神，用雲彩為車輦（詩一〇四 3）；(2) 信實的神，時間沒有沖淡祂以彩虹向挪亞所作的承諾，不再用水來毀滅審判世界（創九章）；(3) 聖潔的神，臉面像日頭，讀者立即回想到出埃及記的約，祂叫摩西臉上流露出神的榮光（出三十四 29～35）；(4) 救贖的神，兩腳的火柱，提醒讀者那用火柱引導以色列出埃及的神（出十三 21～22）；(5) 權柄在握的神，手裏拿著書卷，兩腳踏著海與地[29]。約翰的手筆是如此精練、引人深思。舊約中，神不變的豐富屬性盤繞腦海，正思念間，猛然回頭，赫然發現約翰竟然只用了兩節經文來描繪[30]！難怪有些手抄本稱約翰為神學家（ὁ θεολόγος）[31]！

啟示錄中的主角，除了是坐寶座的創造者上帝外，當然是帶來救贖的基督。在啟示錄裏的基督，主要的稱號是羔羊（全書中出現 29 次），尤其在第五章中，基督以羔羊的身分出現。約翰將舊約豐富的彌賽亞預言，濃縮在他的神學中，實在令人又驚又歎。首先，他用老雅各對猶大支派的預言（創四十九 9），來闡述耶穌是猶大支派中的獅子（五 5）；接著，約翰沿著救恩歷史發展的主軸而下，用以賽亞所預言耶西的根（賽十一 1），及有關大衛苗裔的經文（亞三 8，六 12；耶二十三 5；賽四 2，五十三 2），融合成大衛之根（五 5）；然

---

29 Beale, *The Book of Revelation*, pp.522~526.

30 Silva, "Old Testament in Paul," p.640。Silva 在研究保羅如何引用舊約時，也有類似的結論：「……只要有兩三個出自舊約的字眼，就已可能讓人聯想到一整段的舊約經文，再加上某幾段平行經文，和某些傳統等，就足夠將那些經文段落所要表達的觀點聯繫起來。」

31 Harrison, *Introduction to the New Testament*, p.465.

後，並用能除掉罪孽、那石頭上的七眼（亞三 9），加上受苦僕人的經文（亞十二 10；賽五十三章），和有耶和華聰明智慧的靈（賽十一 2，六十一 1），融合成被殺、有七眼和七靈的羔羊（五 6）。這羔羊在死裏復活後，搖身一變，成為領羊群喝生命水的牧羊者（七 17），完全應驗舊約應許大牧人的經文（亞十一章，十三章；結三十四章；耶二十三章）。約翰如此巧奪天工，引起我們的無限深思與讚歎[32]！

4.3. 從地上與天上的交換鏡頭看

約翰在整卷啟示錄中，有個強烈鮮明的呈現手法，就是運用地上與天上交換鏡頭的方式[33]，來引導讀者的眼光，以達到他安慰、鼓勵讀者的目的。掌握約翰這文學手法，自然就可以抓住約翰所要表達的信息。

啟示錄一開始的情境在天上的寶座（一 4），約翰刻畫的重點：本書的主角神子耶穌以聖潔榮耀的姿態隆重登場（一 12～16）。之後的兩章（二～三章），啟示錄著墨的焦點從天上轉到地上，內容為約翰寫信給地上七個教會的勸勉信息。接著，約翰（讀者的眼目）被提升到天上，好被指示「以後必成的事」（四 1；參一 1、19）。這必成的事，當然是指著將要發生的地上的七印（五 1，六 1～八 1）、七號（八 2～十一 15）和七碗（十五 1～十六 21）等末世事件。但是約翰從

32 Aune, *Revelation 1~5*, pp.332~354; Beale, *The Book of Revelation*, pp.349~357.

33 Osborne, *Revelation*, p.523.

地上轉向天上，期待天上末世論的展現時（四 1），看到的不是末世的時間表，而是「一個寶座安置在天上」（四 2），以及坐在寶座上的那一位和寶座前的敬拜。接著，當他描繪完寶座的異象後（四～五章），看到揭開第一印的就是羔羊（六 1），又看見緊接著的地上六印災害；他描繪完地上第一至第六印後（六章），立刻就把焦點又抬到寶座前（七章），才敘述之後的七號。

當他述說完前六號後（八～九章），接著又把鏡頭對準天上（十章）；在兩個見證人升天後（十一章），約翰又開始描繪被摔到地上的撒但（十二章），以海獸和地獸的面貌迷惑世上的人（十三章）；當世上的人受獸的印記時，約翰立刻描繪天上有刻著羔羊和他父名的跟從者（十四 1～5）；從天上降下神忿怒的鐮刀和大酒醡給人間（十四 14～20），接著天上就有唱摩西和羔羊之歌的場面（十五章）。在七碗之災、大淫婦、巴比倫的傾倒後（十六～十八章），接著約翰又讓讀者看到天上迎接新婦的羔羊（十九章）；在撒但被捆綁、審判，所有世人都受完白色大寶座的審判後（二十章），約翰最後就把鏡頭停在新天新地和新耶路撒冷上（二十一～二十二章）。

約翰這種地上與天上交換鏡頭的描繪手法，加上他貫穿啟示錄全書的敬拜情境（如一 12～20，四 1～五 14，七 9～17，八 3～5，十一 16～19，十二 10～12，十四 1～7，十五 2～8，十六 5～7，十九 1～10，二十 4～6，二十一 1～二十二 5 等）[34]，與全書天上與地上轉換焦點的運作交織成一片，

34 見 Poythress, *The Returning King*, p.40。

這種文學技巧，正好吸引眼目原在地上的讀者，常常往天上的寶座那裏對焦（如同約翰得著啓示、往天上對焦一般），好迎接上帝對地上的啓示、計劃和信息。這樣的文學表現手法，正好達到他所要的目標：藉著他的文筆，來闡述本書的神學主題——末世事件完全掌握在神和羔羊手中。信徒在地上若面臨困境，可以因爲信靠仰望的緣故，眼目被更新，提醒他們上帝和羔羊仍在末世掌權！

4.4. 主要的對比角色

了解啓示錄中的主要對比角色，能幫助讀者從分歧的線性時間表學說（見第五章「啓示錄的末世論」和 7.1.「不同末世論」）中跳脫出來，進而欣賞這卷神要帶給末世信徒無比安慰的書。特別在啓示錄的七號吹響，宣告世上的國成了我主和主基督的國，基督要永遠作王後，在第十二章到第二十一章之間，約翰用了強烈的對比來描繪上帝與撒但的對抗。

例如，當基督道成肉身、從死裏復活並升天後（十二 5），從天上被推下的撒但，以完整的姿態出現（大龍、古蛇、魔鬼、撒但等名字一起出現，十二 9），並模仿有尊貴冠冕的基督的裝扮（基督有七角七眼七靈，五 6），牠以七頭、十角上戴有十個冠冕的海獸出現（十三 1）[35]：

撒但（十二 3）	海獸（十三 1）
原型（pattern）	像（image）
古龍	獸

35 Poythress, *The Returning King*, p.16.

七頭	七頭
十角	十角
七頭上七個冠冕	十角上十個冠冕

撒但一從天上被打落後（十二 9～12），專司模仿上帝的伎倆。正如基督是上帝的像（西一 15），海獸也模仿成撒但的樣式，牠還模仿基督的受死復活（十三 3），藉以迷惑人來跟從牠。此外，撒但也以兩角如同羊羔的地獸出現（十三 11），並藉著「受刀傷還活著」的奇事，招聚世人來跟從牠，並領受獸的印記（十三 12～18）。

許多啟示錄學者將十三章的海獸解讀為羅馬和世上所有政權的代表，而該章中的地獸則是支持君王崇拜的假先知的代表[36]。但若從下面的對比表格看，海獸和地獸其實是模仿三位一體真神的撒但的化身[37]。在啟示錄十二、十三章裏，約翰不僅融合了但以理書七章中的四個大獸，來描繪歷世歷代在人間政權背後抵擋褻瀆上帝的撒但（參約壹二 18、22，四 3）[38]；約翰更用對比的方式來揭開撒但的真面目，他盼

36 Beasley-Murray, *The Book of Revelation*, pp.209, 216~217; Boring, "Revelation," 155, 160~161; Biblin, *The Book of Revelation: The Open Book of Prophecy*, 133, 135; Bauckham, *The Climax of Prophecy*, p.193; 張永信著：《啟示錄注釋》，頁 181, 186。

37 見周兆真著：〈千禧年解釋——回顧與再思〉，219, 229~230。

38 Beale, *The Book of Revelation*, pp.681~687; Osborne, *Revelation*, pp.493~495 正確地指出，海獸是有軍隊暴君面貌特徵的敵基督（十三 1～10），而地獸則明顯地是假先知（十三 11～18，十六 13，十九 20，二十 10），兩者其實是模仿三位一體的撒但的「化身」（所謂的「虛假的三位一體」〔false trinity〕），是靈界的一個「位格」(person)，而非一些學者（如 Charles、Mounce、Collins、Sweet、

望藉著這個明顯的對比，將讀者的眼光從模仿三位一體真神、有七頭十角、頭戴七個冠冕、有極大權柄行奇事、但骨子裏卻是逼迫教會的撒但，轉移焦點到藉著七角七眼、頭上戴著冠冕、執掌天上地上王權、爲教會捨己的羔羊，去敬拜三位一體的真神[39]：

撒但的特徵	羔羊的特徵
大龍、海獸、地獸（十二 9，十三 1、11）	三位一體：上帝、羔羊、七靈（一 4～5）
七頭十角（十二 3，十三 1）	七角七眼（五 6）
頭戴七冠冕（十二 1，十三 1）	頭上戴冠冕（十九 12）
有極強大的國度（十七～十八章；權力／財勢／性）	天上的國度，並要在地上執掌王權（五 10，十一 15，十九～二十二章）
似乎受了死傷，後來卻醫好了（十三 3）	像是被殺過的（五 6）
制伏各族各民各方各國（十三 7）	救贖各族各民各方各國（五 13）
意圖擁有寶座（十三 2，十六 10）	與上帝同坐寶座（四 2、3、9，五 1、7、13，六 16，七 10、15，十九 4，二十 11，二十一 5）
受世人敬拜（十三 8）	萬膝跪拜的焦點（五 11～14）

Beagley、Bauckham 和 Roloff）所說的帝國勢力（empire）。

39 參 Resseguie, *Revelation Unsealed: A Narrative Critical Approach to John's Apocalypse*, pp.124, 128；Poythress, *The Returning King*, pp.17~22。

獸名、數目——六百六十六（十三 18）[40]	七（神完全的數目；五 6）
屬獸者額上有獸印記（十三 16～17）	屬基督者有羔羊和上帝的名（十四 1）
有極大權柄行奇事（十三 4、13）	有永恆的權柄（二 26，五章，十二 5，十九 11～16）
逼迫教會（十一 7～10，十二 13～17，十三 7～10）	愛教會，為教會捨己（一 5，五 10，七 17，十九 7～10）
先前有，如今沒有，以後再有，最後歸於沉淪（十七 8、11）	首先的、末後的，死過又活，直到永遠（一 18）
失敗（十二 9～12，十九 19～21，二十 1～3、10）	得勝（十二 10～11，十九 1～6、11～16）

因為啟示錄十三章 18 節 3 次提到「數目」，因此，從初代教父、出生於小亞細亞、坡旅甲學生愛任紐以來，藉著人名中每個字所代表的數字之累積的數字謎[41] 來推測撒但是誰，就一直成為啟示錄解經史上一個重要手法。當中被推算出來

40 提出「六」是「七」（完全神聖數目的代表）之前數字的代表人物，是在里昂的教父愛任紐，見其作品《反駁異端》5.28.2。這作品駁斥了諾斯底主義，簡介見黃錫木著：《基督教典外文獻概論》，頁 185～187。

41 譬如，在《西卜神諭記》1.325 中，耶穌代表的數目是 888（I=10, H=8, Σ=200, O=70, Ψ=400, Σ=200）。第 1 世紀如何引用數字謎，見 Deissmann, *Light from the Ancient East,* pp.275~277。在愛任紐之前，《巴拿巴書》15（和在里昂的愛任紐為了打擊諾斯底主義而寫的《反駁異端》5.28.3）就曾用創世記第一章（和詩九十 4）來解釋世界歷史將有七千年，而「六」代表不完整，且世界歷史從第六千年開始的一千年，代表著彌賽亞來之前的敵基督時間。

的，有殘酷的羅馬皇帝尼祿（其名字之希伯來字總和正好是 666，但是其希臘字總和是 1005，拉丁字總和是 616），[42] 也有逼迫啟示錄七個教會的多米田皇帝[43]。

在改教時期，天主教教皇被認為是撒但，因為其冠冕上的一行字 *Vicarius Filii Dei*（意即：神子代替者），按拉丁字母計算，正好是 666。之後，不論是德國的希特勒、意大利的墨索里尼、中國的毛澤東、美國的甘迺迪總統、國務卿季辛吉（或譯：基辛格）、雷根總統、蘇俄的戈巴契夫、伊拉克的胡笙（或譯：侯賽因）、以色列戴揚將軍，甚至是歌手貓王皮禮士利、美鈔、美國 IBM 電腦公司……都可以被湊成 666 的組合，因而被戴上地獸的高帽[44]。

若想將 666 解釋為某個特定「人物」，必然會陷入解經的窘境。除了容易讓讀者個人的社會和政治立場主導自己對敵基督的定位外[45]，最根本的問題，是忽略了本書的啟示文學特徵。若謹慎留意約翰所用的文體和對比的文學手法，就不會陷入這個窘境。正如巴比倫王尼布甲尼撒所夢見的金像代表人間所有興起的帝國，約翰所描繪的古龍，並不是一個特定人物[46]。啟示錄十三章 1 至 2 節描繪海獸為十角獸（但

42 參 Gentry, *Before Jerusalem Fell: Dating the Book of Revelation*, pp.199~200。

43 Aune, *Revelation 6~16*, pp.770~773; Bauckham, *The Climax of Prophecy*, pp.384~404; Roloff, *The Revelation of John*, pp.165~167.

44 Boyer, *When Time Shall Be No More*; Fuller, *Naming the Antichrist*; McGinn. *Antichrist.*

45 Nichols, "Prophecy Makes Strange Bedfellows: On History of Identifying the Antichrist," 75~85.

46 Beale, *The Book of Revelation*, pp.720~723.

以理書預言為羅馬帝國），形狀像豹（但以理書預言為希臘帝國），腳像熊的腳（但以理書預言為瑪代——波斯帝國），口像獅子的口（但以理書指為巴比倫帝國），從這裏我們看到撒但是人間歷世歷代政權背後的唆使者[47]；也如啓示錄十七、十八章所描繪，牠隱藏在人間政權、財權、宗教背後[48]，試圖用各種方式來模仿基督，使人們離開所該注目的基督，藉此竊取上帝的榮耀和所有邪惡之總累積[49]。

約翰的對比手法跨過啓示錄十二、十三章。就在地上有古蛇為了要沖去婦人，吐出叫人懼怕的翻騰的大水時（十二15～16），約翰立刻將讀者的耳朵從地上轉到天上，那裏有令人羨慕的聲音，像「眾水的聲音和大雷的聲音」、「好像彈琴的所彈的琴聲」和「他們在寶座前，並在四活物和眾長老前唱歌，彷彿是新歌；除了從地上買來的那十四萬四千人以外，沒有人能學這歌」（十四 2～3）！當地上有獸試圖掌權

---

47 Osborne, *Revelation*, pp.511~512 指出，從海中上來的敵基督（十三 1），是回應但以理所夢的第一獸（但七 3），而從地中上來的地獸（假先知）則回應但以理所夢到的四巨獸所象徵的地上四個人間帝國（但七 17）。這個由撒但、敵基督、假先知所組成的「虛假三位一體」將在第六碗中聯合出現，並聚集全天下眾王在「哈米吉多頓」與全能的神爭戰（十六 13～16）。

48 Roloff, *The Revelation of John*, pp.167~168「在 1 至 3 節裏從海中上來的獸，給描寫成當時世上所曾出現過的龐大帝國的混合體（但七），這是毫不意外的。在約翰看來，這個政治合成形像會為了集世界大權於一身而歡慶，這顯然就是它的目標。」

49 Caird, *Revelation*, p.222 和 Osborne, *Revelation*, p.521，正確地指出，「666」應是模仿四章 8 節的「聖哉」「聖哉」「聖哉」的敵基督。Mounce, *The Book of Revelation*, p.255 指出，正如基督從父領受權柄（太十一 27），敵基督從龍得權柄（十三 4）；正如聖靈榮耀基督（約十六 14），假先知榮耀敵基督。

時（十三 12），約翰將他的讀者的眼光從地上轉到天上，讓我們觀看——羔羊已經站在錫安山上了（十四 1；參賽二 2～5；詩二 6，四十八篇；珥三 21；亞十四 4）[50]！

接著，當地上的撒但「又叫眾人，無論大小、貧富、自主的、為奴的，都在右手上或是在額上受一個印記。除了那受印記、有了獸名或有獸名數目的，都不得作買賣」（十三 16～17）時，約翰的鏡頭立刻轉到天上，描繪跟隨羔羊的人，「都有他的名和他父的名寫在額上。」（十四 1）[51]

約翰描繪完天上跟從錫安山上沒有瑕疵之羔羊的那些人後，再一次將鏡頭轉到地上，看那些在世上領受獸印記的跟從者的下場。他述說那拜獸、領受獸印記的人，如何喝上帝大怒的酒（十四 8～11）；他引領讀者觀看，這些獸的跟從者，如何被投於上帝忿怒的大酒醡中（十四 17～20）[52]，看他們如何經歷毫無保留、沒有憐恤的七碗災害（十六章）！如此強而有力的對比手法，正好達到他意圖激勵信徒要謹慎，留心惡者的詭計，全心仰望真神羔羊的神學目的。約翰

---

50 Roloff, *The Revelation of John*, in A Continental Commentary, pp.169~172.

51 Mounce, *The Book of Revelation*, pp.263~269.

52 一些學者（Hendriksen、Morris、Beagley、Roloff、Fekkes、Michaels、Giesen、Aune 和 Beale）認為十四章 14 至 16 節「快鐮刀的收割」與十四章 17 至 20 節「神忿怒的大酒醡」兩段是同一個意象，都是給惡人審判的宣告。但是更合適的解釋是，「快鐮刀的收割」乃針對信徒（正如太十三 24～30 所記，彰顯神憐恤的「收割麥子」比喻），而「神忿怒的大酒醡」則是給惡人的宣告（正如太十三 24～30 所記，彰顯公義的「燒毀稗子」比喻），支持如此觀點的學者有 Swete、Lohmeyer、Farrer、Ford、Prigent、Krodel 和 Bauckham。見 Osborne, *Revelation*, pp.549~556。

並刻畫出被惡者掌握的世人實在可憐（約壹五 19）：愛那恨我們的（魔鬼），卻恨那愛我們的神！

最後，約翰用足足兩章的篇幅，來描繪末世的高潮與焦點——被撒但所掌控的淫婦與巴比倫如何被審判（十七～十八章）[53]。接著，約翰筆鋒又轉向描繪天上，在 4 次的哈利路亞聲中（十九 1～6），羔羊騎著白馬，以得勝者姿態出現，迎娶祂的新婦（十九章），預備新婦進入新耶路撒冷城（二十一～二十二章）。明顯地，地上的一切最終都會被審判（彼後三 10），而撒但、淫婦、巴比倫等，將完全消失在羔羊、新婦、新耶路撒冷的對比中。

在這些對比中，我們可以看出啟示錄的神學中心：

1. 神國與撒但國必然發生衝突[54]；
2. 基督在十字架已得決定性的勝利；
3. 基督已是神掌管末世事件的代理；
4. 基督必再來得勝，使神國降臨；
5. 歷史在神手中（History is *His* story）；
6. 世間邪惡終究如困獸猶鬥；
7. 在撒但攻擊下，教會得以活出得勝的生活。

此外，從約翰如何使用對比的文學手法於啟示錄的最高峰——新天新地和新耶路撒冷，更可以體會他行文的動機：安慰他的讀者。原來，末世受苦信徒最大的安慰，莫過於看

---

53 吳獻章著：《聖經真密碼——啟示錄新解》，頁 223～238；Roloff, *The Revelation of John*, p.193。

54 Collins, *The Combat Myth in the Book of Revelation*, pp.221~222 認為啟示錄中有兩個爭戰：羔羊與獸之間，和獸與淫婦之間。

到因著羔羊的得勝，人可以從創世記的墮落中，看到啟示錄結束前所帶來的盼望。這個盼望，清楚的表達在啟示錄二十一章的開場白[55]：

新天新地

因為先前的天地已經過去了，

海也不再有了。

聖城新耶路撒冷由神那裏從天而降，預備好了，就如新婦妝飾整齊，等候丈夫。

神的帳幕在人間。祂要與人同住，他們要作祂的子民。祂作他們的神。

不再有死亡、悲哀、哭號、疼痛，

以前的事都過去了。

神將一切都更新了。

這個交錯配列結構啟示了一個真理：舊事將過，伊甸園將被取代，舊創造將完全更新，歷史到了結束，永恆於焉開始。而一進入新天新地，正如交錯配列結構的核心所提示的，就是舊約所盼望的新城（賽五十四 11～17，六十 1；結四十～四十八章）[56]。這新城正是舊約中立約的核心——「神要與人同在，他們要作祂的子民。祂作他們的神」——的應驗（利二十六 11～12；耶三十一 33；結三十七 27；亞八

55 Aune, *Revelation 17~22*, p.1114.

56 也是與啟示錄同時期的猶太啟示文學對末世的盼望，見《以斯拉四書》7.26（見黃錫木著：《基督教典外文獻概論》，頁 49），8.52，10.27、54，13.36 和第二敘利亞文的《第二巴錄啟示錄》4.2~6。同時期的猶太和基督教盼望末世的啟示文獻，見 Beasley-Murray, *Revelation*, pp.288~289。

8），對象方面，則是純為神的百姓——裝飾整齊的新娘——預備的[57]！

另外，從更廣的角度看，更可以看出約翰用對比手法，以達到他安慰末世信徒的目的。啟示錄十七到二十二章，存在著新耶路撒冷與巴比倫強烈的對比[58]：

新耶路撒冷城	巴比倫
聖潔羔羊的新婦（二十一 2、9）	與地上君王行淫的淫婦（十七 2）
有上帝榮耀的裝扮（二十一 11～21）	穿上從世上帝國剝削來的榮華（十七 4，十八 12～16）
列國在神榮光中行走（二十一 24）	欺騙並腐蝕列國（十七 2，十八 3、23，十九 2）
列國、君王將榮耀歸這城（二十一 24、26）	轄制地上眾王（十七 18）
不潔淨、行可憎與虛謊事的人不得進入（二十 ·27）	行可憎、污穢和虛謊事之人的居所（十七 4、5，十八 23）
生命泉的水等待醫治萬民（二十一 6，二十二 1～2）	讓列國喝淫亂大怒的酒（十四 8，十七 2，十八 3）和聖徒的血（十七 6，十八 24）
上帝的百姓被呼召進入這城（二十二 14）	上帝的百姓被呼召離開這城(十八 4)

57 Fekkes, III. "His Pride Has Prepared Herself. Revelation 19~21 and Isaiah Nuptial Imagery," 269~287 指出，在約翰喚起讀者對新耶路撒冷的盼望的所有象徵文學手法中，核心就是婚筵的表徵。

58 Bauckham, *The Theology of the Revelation*, pp.131~132（中譯本：《啟示錄神學》，頁 178～179）。

如此強烈的對比，難怪畢斯理．慕瑞會主張啟示錄是本《雙城記》：淫婦／巴比倫和新婦／新耶路撒冷兩個對比的城市[59]。基督的新婦更可從啟示錄新天新地與創世記伊甸園的對比中，找到截然不同的盼望[60]：

創世記中的伊甸園	啟示錄中的新天新地和新耶路撒冷
創造天地，立伊甸園	審判天地，立新天新地
日、月、眾星的光（創一 16）	神的光（啟二十二 5）
赤身露體（二 25）	穿白衣、義袍（三 4、5，十九 8，二十二 14）
人額上沒有記號	神的名字寫在額上(二十二 4)
沒有敬拜	人敬拜神（二十二 9）
人治理全地，直到被逐（一 28）	人與神作王，直到永遠（二十二 5）
善惡樹暫時出現（二 17）：人的智慧、自由意志（三 6）	生命樹永遠長存(二十二 2)：神的智慧、旨意
罪進入伊甸園（三 6～7）	凡不潔淨的，並那行可憎與虛謊之事的，總不得進那城（二十一 27）
象徵撒但的蛇得勝（三 13）	撒但被扔在硫磺火湖裏，羔羊勝利（二十 10）
因罪，勞苦與死亡降臨（三 16	除罪，人不再有死亡、痛苦(二

59 Beasely-Murray, *The Book of Revelation*, p.315.

60 巴斯德著，楊牧谷譯：《聖經研究一》，頁 37～38；周兆真著：〈千禧年解釋——回顧與再思〉，224~225。

～19）	十一 4）
人被咒詛（三 16～19）	以後再沒有咒詛（二十二 3）
人不再管理伊甸園（三 19）	人在新耶路撒冷作王（二十二 5）
人失去生命樹（三 22）	人重得生命樹（二十二 2、14）
人被逐出伊甸園（三 24 上）	人被引進新天新地（二十一 3）
伊甸園被關閉（三 24 下）	新耶路撒冷白晝總不關閉（二十一 25）
沒有認罪，需要救恩（三 10～13）	救恩完成（二十一 6）
女人的後裔要傷蛇的頭(三 15）	蛇被扔在硫磺火湖裏，直到永遠（二十 10）
蛇要傷女人後裔（三 15）	羔羊像是被殺過的（五 6）
神不與人同行（三 23～24）	神要親自同在（二十一 3）

如此美妙、比以前更好的結局，著實叫受苦信徒日夜盼望，也忽然才想到自己是有福的人，而讀啟示錄的人也是有福的。整本新約不都是在談論「福」嗎？在新約的開始書卷馬太福音中，耶穌是以登山八福開始他的登山寶訓。新約的最後一卷書啟示錄，則是被七個福所包圍，神的兒女實在是有福的，特別在末世，愈受逼迫，得到的安慰愈徹底、愈真實：

1. 念這書上預言的和那些聽見又遵守其中所記載的，都是有福的，因為日期近了！（一 3）
2. 從今以後，在主裏面而死的人有福了！（十四 13）
3. 看哪，我來像賊一樣。那儆醒、看守衣服、免得赤身而行、叫人見他羞恥的有福了！（十六 15）

4. 凡被請赴羔羊之婚筵的有福了！（十九 9）
5. 在頭一次復活有分的有福了！（二十 6）
6. 看哪，我必快來！凡遵守這書上預言的有福了！（二十二 7）
7. 那些洗淨自己衣服的有福了！（二十二 14）

如此精彩絕倫的對比和啟示錄七福，並最後主所留下的話：「是了，我必快來」，自然會激勵受苦的信徒[61]，感恩歡喜地回應約翰說[62]：「阿們！主耶穌阿，我願你來！」（二十二 20）

61 二十二章 14 節的「洗淨」回應著七章 14 節那些受苦的信徒。Caird 指出，這些洗淨自己衣服的人，是「一些面對著殉道的人，他們深信十字架是上帝勝過外在之魔、也勝過內在之魔的標誌。」（*A Commentary on the Revelation of St. John the Divine*, p.285）

62 Roloff 指出，「早在 1 世紀末年，在崇拜時既讀基督徒的著作、又讀舊約經文的做法，似乎已經相當普遍。」（*Revelation*, p.21）

第五章

啟示錄的末世論

從聖經和兩約之間的文獻看，基督再來和上帝永恆的國度間，似乎存在著一個過渡時期[1]；對於約翰的著作而言，這個過渡時期就是記載在啟示錄的千禧年。整本聖經只有啟示錄二十章記載千禧年，它描繪撒但受捆綁，基督第二次再來地上掌權（二十 1～10）。在啟示錄二十章的解經史上[2]，教會的看法主要可分為 3 派，每一派都有其優點、缺點及其支持學者。我們除了要了解這些千禧年的看法外[3]，也要提醒自己，不要單單關心末世時間表的重整而強解聖經，強迫約翰說他沒有說的話。

5.1. 千禧年後派

主張千禧年後派的認為千禧年指著教會時期（或教會後半時期），這千年後，基督降臨，正如舊約經文的應驗（詩二 8；賽二 2～4，十一 6～9；彌四 2～5；亞九 9～10，十四 9～21）。19 世紀美國的更正教會和大部分的自由派學者（特別在第一次世界大戰之前），採千禧年後派的主張，認為福音要逐漸滲透去改變這世界[4]。那時，世界的罪惡將日漸式

1 Aune, *Revelation 17~22*, pp.1104~1108。這個過渡時期的概念也可見於與啟示錄同時期的敘利亞文的《第二巴錄啟示錄》29~30，和《以斯拉四書》7.26~33（見黃錫木，《基督教典外文獻概論》，頁 49）。

2 啟示錄二十章扼要的解經史，見 Roloff, *Revelation*, pp.223~226。

3 各派別的綜覽，見郝思著：《基督教神學與教義圖表》，頁 133~137；柯樓士編，李經寰譯：《千禧年四觀》；Bock, ed. *Three Views on the Millennium and Beyond*。

4 這觀念來自奧古斯丁的《上帝的城》（*The City of God*）。見 Tenney, *Interpreting Revelation*, pp.147~151。

微，因著聖靈的工作，基督徒將成為人類的主體，地上會有千年的和平國度，直到基督再來，引人進入新天新地，這看法是千禧年的 3 派中最樂觀的一派。最早出現的支持者是第 2 世紀的孟他努主義者。具代表性的支持學者有費奧尼的約雅斤、惠特比、博納、賀智、史特朗等[5]。

5.2. 無千禧年派

和千禧年後派的解經系統有許多雷同之處，無千禧年派認為啟示錄中有這麼多的表徵，因此這千禧年也該用象徵法來解。他們認為撒但被捆綁、信徒與基督一同作王的千禧年（二十 1~6），不是真正的地上千禧年國度，乃是指著基督在十架上完全打敗撒但後（約十二 31，十四 30，十六 11），祂在信徒生命中掌權的教會時期。到了教會的末期，撒但將被釋放，出來攻擊基督徒（二十 7~9），直到白色大寶座前的大審判[6]。

畢爾採用韓滴生的重複要點架構，將有關於千禧年的經文，安放在耶穌兩次降臨中，認為二十章 1 至 6 節代表著從十字架開始的教會時期（重複十七 1~十九 10），之後的二十章 7 至 15 節代表著基督第二次降臨的最後審判（重複十

5　最近期有關千禧年後派的立場，參 Gentry, "Postmillennialism," pp.13~57。

6　見 Tenney, *Interpreting Revelation*, pp.151~154。中文書籍中，較能代表無千禧年派的著作，是 Hughes, *Interpreting Prophecy* 的中譯本，李保羅譯：《預言釋微》。

九 11～21）[7]。他並強調，在基督十字架上的得勝，到帶領聖徒進入末世的新天新地、新耶路撒冷前（二十一 1～5），約翰共 6 次重複描繪這個「已開始的千禧年」：（1）七印（六 1～八 5）；（2）七號（八 6～十一 19）；（3）七衝突（十二 1～十五 4）；（4）七碗（十五 5～十六 21）；（5）巴比倫與獸的下場（十七 1～十九 21）；（6）千禧年（二十 1～15），而將這個「已開始的千禧年」當作教會時期[8]。

自從奧古斯丁後，基督教被定為國教，二、三百年來信徒所受的逼迫結束，千禧年被認為已應驗；從解經史角度看，寓意解經（相對於字義解經）也日漸盛行，加上當時智慧派與苦修派皆反對地上千禧年之說；而且在政治上，當時反猶太主義盛行，而千禧年概念有支持猶太復國之關連，千禧年的概念因而遭到反對，因此無千禧年的主張日益被看重，一直到改教運動時期，這個藉預言教會歷史、直到主再來的歷史派和理想派，所提倡的無千禧年論，成為解經主流。無千禧年派認為啟示錄二十章 4 至 5 節中第一次的復活，是信徒靈性的復活；第二次復活為末世身體的復活。此兩次復活間的千年，應為教會時期，在這時期中被殺的信徒，將會與再臨的基督一同作王。支持此說的包括：天主教[9]，該柏爾、米利根、伯克富、腓爾本、柏寇偉、韓滴生、莫瑞士、何士馬、克林、藍斯基、蓋賓、威爾克、凱爾德、畢爾、波特瑞斯等。

---

7 Beale, *The Book of Revelation*, pp.984~991.

8 Beale, *The Book of Revelation*, pp.144~151; Beale, "John's Use of the Old Testament in Revelation," 356~357.

9 見 Harrington, *Revelation*, pp.195~202。

5.3. 千禧年前派

從文體看，千禧年前派雖也看重啟示錄中啟示文學的象徵性，但是更看重其先知預言特徵，認為二十章 1 至 8 節該按照經文字面的字義來解釋。不像千禧年後派對於末世的樂觀，千禧年前派認為在基督再度降臨前，會有一連串的大徵兆，敵基督極力迷惑人心；直到基督第二次降臨，捆綁撒但，隨後會有一段和平和公義時期（「一千年」），歷代給耶穌作見證、殉道的、沒有拜過獸與獸像和沒有受過獸印記的靈魂都要復活，與基督一同作王「一千年」。這派學者認為啟示錄二十章 4 至 5 節中，兩處的「復活」皆由同一個動詞 ζάω 變化出來的，皆應讀為身體復活，兩次復活說明了神的審判：「行善的復活得生，作惡的復活定罪」（約五 29）[10]。

在千禧年前派中較極端的，是受弟兄會影響、最有猶太色彩的時代主義了。時代派（特別是以達爾比、司可福和賴理為代表的古典時代派）認為千禧年該用完全的字義解（整整一千年）。在這千年中，上帝給亞伯拉罕的地土將應驗在猶太人身上，猶太人會恢復聖殿與祭祀禮儀；並認定啟示錄所記載的大部分事件，是發生在猶太人與敵基督在但以理所預言的最後一個七年中的衝突（見 7.4.3.「三年半與七十個七」）。

時代主義的優點，在於其認真考慮啟示錄中先知末世的預言[11]。但其問題除了解經系統不能完全一致（見 7.2.「七

---

10 柯樓士編，李經實譯：《千禧年四觀》，頁 27～28；Aune, *Revelation 17~22*, p.1091；Tenney, *Interpreting Revelation*, pp.154~163。

11 中文書籍中，時代派的代表為 Wood, *The Bible & Future Events* 的中

教會等於七個時期？」）外，亦在於其沒有公平合理地解釋啟示錄中用於闡述預言的啟示文學本質。此外，若啟示錄僅僅是描繪猶太人如何與敵基督對抗，我們很難想像在第 1 世紀的約翰，為何寫信給小亞細亞的七個教會[12]？

在千禧年前派中，歷史千禧年前派學者如賴德，認為基督再來前會有一連串的徵兆，然後基督以王的身分降臨，聖徒第一次復活，並將與基督在地上作王一千年。歷史千禧年前派認為基督再來和被提是同一件事，他們反對時代主義倡導 7 年大災難將基督再來和被提分開。這千禧年，不是指著整整一千年（正如撒但被捆綁在無底坑，應作象徵解），也不是為了應驗上帝在舊約中對猶太人的應許（雖然上帝會對猶太人有特別的安排，如羅十一 17～32），更不是為了重建聖殿與祭祀（因為這違反了基督在十字架上已經成就的救恩）[13]。千禧年是基督彌賽亞統治的一部分，這彌賽亞國度在人類歷史中漸漸出現，而千禧年所扮演的角色，正是基督從死裏復活得勝的已然（already）事實，末世信徒同基督一同掌權的未然（not yet）保證。最近，古典時代派已經修正成為所謂的漸進時代派，其解經系統相當靠近歷史千禧年前派，並容許「千禧年」可能象徵著一段完整時期，而非真正的一千年，以符合啟示文學的數字特徵[14]。

整個千禧年前派的支持學者，包括早期教父、班革爾、

文譯本，褚永華譯：《聖經與末世事件》。

12 Lewis, *3 Crucial Questions about the Last Days*, p.118.

13 參希伯來書八章 13 節。見柯樓士編：《千禧年四觀》，頁 19。

14 見 Pate, ed. *Four Views on the Book of Revelation*, pp.133~175；莊遜著，聶錦勳譯：《啟示錄研經導讀》，頁 219。

也包括萊特富特、布斯梅、賴德、慕勒、B.W. 紐頓、戈登、摩根、慕迪、R.A. 陶瑞、弟兄會的戴德生、彭巴頓、瑞斯、艾歷森、華福德等。

5.4. 總結

如此複雜的學說，乃因各派學者的解經原則不同（字義或靈意？）[15]，並試圖將聖經所有的末世論，完全系統化處理使然。其關鍵性的問題，就在於撒但是否被耶穌十字架的工作完全打敗，停止了活動。無千禧年派學者（韓滴生、何士馬、休斯和畢爾）出於重述要點的主張，認為「歌革和瑪各」的戰爭（二十 8）就是「哈米吉多頓」戰爭（十六 14～16），也就是十九章 19 至 21 節所描繪、基督二次降臨後的戰爭[16]；也認為撒但在「千禧年」（即教會時期）被限制（參可三 27），不能影響宣教事工。

首先從重述要點看，奧斯邦正確地指出[17]，「哈米吉多頓」戰爭（十六 14～16）和基督二次降臨後的戰爭（十九 19～21），都是由獸（敵基督）所主導[18]；這獸（敵基督）和假先知在基督二次降臨後瞬時被擒拿，並扔在硫磺火湖裏（十九

---

15 譬如荷蘭改革宗神學家 Bavinck 在他的 *The Last Things: Hope for This World and the Next*, pp.157~158 中強調，耶路撒冷城確實存在，但是城內的設置卻得按象徵法解釋。

16 Beale, *The Book of Revelation*, pp.834~841, 967~971, 1022~1066.

17 Osborne, *Revelation*, p.715.

18 其實在十七至十八章中，獸也是始作俑者（十七 3、7～8、11～13、16～17；參十八 2）。

20）。而「歌革和瑪各」的戰爭是由（尚存活的）撒但所親自領導。因此，從領導者不同的角度看，「歌革和瑪各」的戰爭與「哈米吉多頓」（十九 19～21）的戰爭為不同戰爭，與無千禧年派者重述理論的主張不合。

其次我們來探討撒但的作為。從福音書來看，撒但確實是墜落了（路十 17～18；西二 15），但是基督從死裏復活後，失敗的撒但並沒有被完全捆綁、限制，牠仍然在教會歷史中（林後四 3～4，十一 14；彼前五 8）。從啟示錄看，十二章 9 節以後撒但更是不改牠迷惑世人的本質（十三 14，十八 23，十九 20，二十 3）；特別在千禧年後，被釋放的撒但，又繼續去迷惑地上四方的列國（二十 8）。因此，撒但受捆綁不僅是歷史的事件，也是末世的事件。

正如前面所言，七印、七號、七碗可能不是完全按照時間先後次序出現的（參 7.6.「從七印、七號、七碗看『耶和華的日子』」）；但是從啟示錄的大綱看，自從大淫婦與巴比倫受審判後，得勝的基督騎著白馬出現，末世似乎進入了線性的時間次序中[19]：

1. ***我聽見***[20] 羔羊的婚娶，十九 6～10

---

19 Mounce, *The Book of Revelation*, p.361；莊遜著，聶錦勳譯：《啟示錄研經導讀》，頁 200~242；Ladd, *Revelation*, p.261；Walvoord, *The Revelation of Jesus Christ*, p.289。但是 Fiorenza, *Revelation*, p.104 主張：「這是一連串相關的意象，將最後審判之後所要成就的最後救贖說明出來了。這一系列言之有物的異象卻沒有按著時序先後排列，而是屬於專題性的，以不同的方式，將終極救贖的不同方面描述出來。」

20 因為啟示錄全書充斥著「我看見」和「我聽見」，Osborne 因此認為這些不足以成為鑑定十九至二十一章是否為線性時間表的指標，但是因為敵基督和假先知已經在十九章被扔在硫磺火湖裏，而

2. ***我觀看***彌賽亞第二次出現，十九 11～16
3. ***我又看見***天使邀飛鳥赴筵，十九 17～18
4. ***我看見***獸及軍隊被騎白馬者滅，十九 19～21
5. ***我又看見***撒但受捆綁，二十 1～3
6. ***我又看見***殉道者掌權千年，***看見***撒但的末日，二十 4～10
7. ***我又看見***白色大寶座審判，二十 11～15
8. ***又看見***新天新地，二十一 1
9. ***我又看見***新耶路撒冷，二十一 2
10. ***我聽見***神帳幕在人間，二十一 3～8

如此看，二十章的解經可能以千禧年前派為最適合（惟是否是一千年的期限，仍須尊重啟示錄啟示文學的特徵[21]，

帶領「歌革和瑪各」戰爭的是撒但，因此時間順序仍然分別是：基督二次降臨，敵基督和假先知被扔在硫磺火湖裏，撒但被扔在無底坑，千禧年聖徒掌權，歌革與瑪各戰爭，白色大寶座審判和新天新地。（*Revelation*, p.699）

21 不少學者認為這一千年所指的，是一個完整數目的表徵（如五 11，七 4～9，十一 13，十四 20，二十一 16）。見 Beale, *John's Use*, p.388; Ladd, *Revelation*, p.261; Beasley-Murray, *The Book of Revelation*, p.289; Mathewson, "A Re-Examination of the Millennium in Rev 20.1~6: Consummation and Recapitulation," 247~248；周兆真著：〈千禧年解釋——回顧與再思〉，231~236 著重二十章和十二至十四章中有關於撒但的經文的相似處，因此對於千禧年採取象徵（如龍、海獸、地獸、婦人、666、1260 天、四十二個月、三年半的解經），並結論說啟示錄二十章的意義不在闡述信徒和基督作王時間的長短，而是神掌權和信徒的最後得勝。Osborne 也主張千禧年是個完整時期，且期限不定，但認為期限應遠大於敵基督運作、「掌權」的那四十二個月（*Revelation*, p.701）。

正如三年半是一完整年代的一半一樣）[22]。

總而言之，千禧年的讀法仍有爭議[23]，但當我們讀二十章時，仍可從時間表角度以外的信息來看。如沒有拜過獸、給耶穌作見證者，可以領受頭一次復活，並與基督一同掌權。這樣的讀法雖然沒有將千禧年完全解開[24]，但畢竟已達到約翰盼望他讀者所能做到的目標：過分別為聖、得勝、盼望主來的生活。

---

22 支持千禧年前派的學者，仍然有持定將這未來必要發生的「千年」作象徵解。見 Bock, "Summary Essay," in *Three Views on the Millennium and Beyond*, p.304。

23 Mathewson, "A Re-Examination of the Millennium in Rev 20.1~6: Consummation and Recapitulation," 237~251, 認為無千禧年派（將十九 11～21 和二十 7～10 視為重複再現，而二十 1～6 為教會時期）和千禧年前派（將二十 1～6 讀為描繪主再來前的經文）從啟示錄二十章經文上下文看，都有立足之地。

24 Poythress, "Genre and Hermeneutics in Rev. 20.1~6," p.53 認為：「綜觀整卷啟示錄，異象本身和異象所指事物之間的關係，本質上就有彈性，相對而言也比較間接；因此，釋經學者對於啟示錄二十章 1 至 10 的看法，就不應該太過拘泥於教條主義了。」

第六章

啟示錄中的神學議題

摩西寫五經的目的之一，是激勵約書亞及新一代以色列百姓，在進迦南地之前，先了解迦南七族的祖先已經被咒詛，成為閃的奴僕（創九 26）。因此，閃的子孫、亞伯拉罕的後裔，可以完全憑著信心，進入早就賜給他們的應許之地。同樣的，從啟示錄第一章看，約翰寫啟示錄的中心目標，也是激勵末世的教會，靠著神的兒子已經在十字架上關鍵性的得勝（一 5），存著信心走進末世，昂首高過四面的仇敵和患難（一 9），全心仰望那必會再來的主（一 7），並等候祂早已經應許的恩（一 3）！

這卷在兩千年來曾安慰無數信徒的啟示錄，也必要安慰凡是在憂傷、受逼迫乃至死亡分離的人。讀啟示錄，除了要讓自己被神安慰，也求主幫助我們，讓這些曾在我們受苦難時給予安慰的經文，同樣安慰將來遭遇相同患難的人（林後一 3～8）。這就是這卷有七福的啟示錄中（一 3，十四 13，十六 15，十九 9，二十 6，二十二 7、14），第一個祝福的用意與目的：「念這書上預言的，和那些聽見又遵守其中所記載的，都是有福的。」（一 3）其實，書中的安慰信息與作者的基督論和上帝觀緊扣在一起，正如凱利所強調的，啟示錄全書都是以基督為中心寫成的（Christ-centered）[1]。因此我們將從啟示錄所呈現的文學表達技巧，來闡述啟示錄獨特的上帝、基督和聖靈，看看約翰如何達到他安慰讀者的神學目的。

---

1 Kealy, *The Apocalypse of John*, p.38.

6.1. 作者的表達技巧

每位聖經作者被聖靈感動寫下神的啟示時，均有他們一定的歷史背景、文風、佈局和思路，啟示錄也不例外，正如鮑林所說，約翰釋經的著力點，在於藉著啟示錄中所描繪那從創造起到末世為止，所必會發生的一連串救恩歷史事件，來幫助讀者如何應付所要面臨的救恩歷史情境[2]。在本段，我們將從啟示錄中所呈現的寶座（救恩歷史的最高峰）、序、上帝的稱呼、啟示錄與約翰福音的比較，預備下一段我們對啟示錄的上帝、基督、聖靈三位一體的真理奠定根基。

6.1.1. 「坐寶座的」

啟示錄成書在羅馬皇帝坐在寶座上且逐漸被供奉為神的時代（救恩歷史情境），在這個信徒面臨的處境中，我們可以從約翰如何著墨「坐寶座的」的角度，來探討他的神觀[3]。

啟示錄的最高峰，在於新耶路撒冷城的啟示（二十一10），而對於新城啟示的最高峰則在城內街道中的生命河[4]。

---

2 Boring, "The Theology of Revelation: The Lord Our God the Almighty Reigns," 268.

3 Du Rand 指出，啟示錄全書中出現 46 次的「寶座」，是上帝在人間掌權的關鍵語；約翰強調，掌管世界的不是羅馬皇帝，而是在「寶座」上的上帝（"'Your Kingdom Come on Earth As It Is in Heaven': The Theological Motif of the Apocalypse of John." 68~74）；包衡主張，啟示錄全書應驗了主禱文前三句：「我們在天上的父，願人都尊你的名為聖」，「願你的國降臨」，「願你的旨意行在地上，如同行在天上」（*The Climax of Prophecy*, p.40）。

4 這個應許當然是回應以西結書四十七章 1 至 2 節和創世記二章的伊甸園。見 Beale, *Revelation*, pp.1103~1104。

但有趣的是，正如歐尼所指出的，因為新城中沒有聖殿（二十一 22），因此，啟示錄沒有（也不能）記載生命河是流自聖殿，約翰是用「寶座」來代替聖殿的（二十二 1、3）[5]。因此，嚴格的說，啟示錄的最高峰是「寶座」（救恩歷史的最高峰）。

雖然啟示錄從來沒有明說羔羊坐在寶座上（包括五、七章，三 21 除外），但是卻用「上帝和羔羊的寶座」來形容羔羊與寶座的關係。二十二章 1、3 節描繪生命河是從「上帝和羔羊的寶座（ἐκ τοῦ θρόνου τοῦ θεοῦ καὶ τοῦ ἀρνίου）」流出的，從「寶座」是單數來看[6]，約翰闡述了一個極重要的真理：上帝和羔羊同享寶座王權，這是啟示錄一貫的主張[7]。有了這個了解後，我們將從寶座角度來看約翰如何呈現上帝和基督。

首先，我們發現約翰用了許多字句上的鑰詞，將啟示錄二至三章與四至五章連結在一起，使行文能一氣呵成[8]：

1. 寶座（三 21，四 2～6、9）

5　Aune, *Revelation 17~22*, p.1177.

6　相同的，第七號的宣告「世上的國成了我主和主基督的國」（ἡ βασιλεία τοῦ κόσμου τοῦ κυρίου ἡμῶν καὶ τοῦ Χριστοῦ αὐτου），「國」也是單數（十一 15）。因此 Ford 正確地指出寶座和國度乃由上帝和羔羊共同掌管（"The Christological Function of Hymns in the Apocalypse of John." 221）。

7　在出現了 3 次的「上帝和羔羊的寶座」中，「寶座」通通是單數（三 21，二十二 1、3），這與新約認為詩篇一一〇篇應驗於基督的神學原則——基督與上帝同掌王權一致。參 Aune, *Revelation 17~22*, p.1177。

8　Aune, *Revelation 1~5*, p.311.

2. 得勝（二 7、11、17、26，三 5、12、21，五 5）
3. 七靈（三 1，四 5，五 6）
4. 「穿白衣者」（三 5、18，四 4）
5. 「冠冕」（二 10，三 11，四 4）
6. 「門開了」（三 8、20，四 1）

這種文學筆法，無非要幫助讀者在讀完耶穌對七個教會的教訓（二～三章），並其結束高潮（三 21 中出現兩次「寶座」）後，將焦點從地上轉到天上的寶座，並運用第 1 世紀信徒熟悉的羅馬皇帝御前下拜的情境，轉移為天上寶座前的敬拜[9]。

此外，在第四章與第五章間，約翰的筆鋒留下一個關鍵性的字句鑰詞「配得」（四 11，五 5、9、12），將第四與五章連結在一起，也將此兩章與第二至三章緊緊連結。並在第五章與第六章間加上了關鍵性的字句鑰詞「羔羊揭開七印」（五 2、9，六 1）。如此環環相扣，將寶座放在第二至三章（描繪地上七教會）和第六章（描繪地上的末世）的中心，這種文學筆法旨在表達：第四章描繪那坐在寶座上的，是創造萬有的上帝；而第五章寶座前的焦點，則是救贖的主耶穌！接著，羔羊揭開末世的七印、七號、七碗（末世論的根基在基督論），我們看出原來整卷啟示錄的核心，就是寶座！第四到二十二章中出現了 22 次「寶座」，有 17 次集中在第

9 Aune, "The Influence of Roman Imperial Court Ceremonial on the Apocalypse of John," 5~26; Botha, "God, Emperor Worship and Society: Contemporary Experiences and the Book of Revelation," 87~102.

四至五章中，使用「寶座」的頻率如此高，說明了坐寶座的是教會論（二～三章）與末世論（六～二十二章）的根基，而坐寶座的，就是創造的上帝（四章）與救贖的羔羊（五章）。從上帝的屬性看，約翰藉著「坐寶座」的意象，將上帝是王和審判聯在一起[10]。

對於第 1 世紀的讀者，「誰是世界的掌權者？」是非常關鍵的現實生活問題（救恩歷史情境）。約翰藉著「坐寶座」來呈現上帝，是要讓他的讀者從現實生活中，轉而從寶座的眼光來看一切，因為基督是掌王權的萬王之王（十九 16）。就是在這個神學主題光照之下，約翰寫信給這七個教會，勸勉他們將焦點轉向寶座上的上帝和基督。當約翰寫信給那位拿著七星的耶穌的光照下、失去起初愛心的以弗所教會（二 1），和上帝的**七靈**和七星光照下、名存實亡的教會（如撒狄教會，三 1），勸他們得勝、儆醒並**穿白衣**後（三 4～5、18），接著約翰就將他讀者的眼光放在寶座上，二十四位身**穿白衣**的長老和四活物俯伏敬拜的那位焦點[11]：坐寶座上的上帝（四

---

10 Guthrie, *New Testament Theology*, pp.84~88.

11 在二十四長老的許多不同的解釋中，最可能的兩個解法為：（1）代表舊約以色列十二支派和新約十二使徒（歷世歷代聖徒），代表學者為 Beale, *The Book of Revelation,* pp.322~326；（2）特別的天使，代表的學者有 Bullinger、Lange、Moffatt、Beckwith 和 Phillips, 見 Thomas, *Revelation 1~7: An Exegetical Commentary*, pp.344~349。但是，一，畢爾認為四活物是所有被造之物的總稱（一般的被造物），而二十四長老代表所有聖徒（特別的被造物），這分法與第五章的 4 組敬拜群的描繪（四活物、二十四長老、千千萬萬天使和一切的被造之物），互相矛盾。二，若二十四位長老是十二支派和十二使徒的組合，難道本是使徒的約翰在觀看自己在寶座前，如同分身在觀看本尊？因此，把二十四長老解釋為特別的天使較妥當。同樣的，因著以西結書一章和福音書中的耶穌的特性，教會歷史在解釋

4)，和被殺、有上帝**七靈**的羔羊（五 6)。

此外，當耶穌鼓勵那兩個沒有被責備的士每拿和非拉鐵非教會能得勝，盼望等候那生命的**冠冕**時（二 10，三 11)，約翰接著描繪在寶座前的二十四位長老頭上戴著金**冠冕**。當耶穌以「拿著大衛的鑰匙、開了就沒有人能關、關了就沒有人能**開**」的身分，來鼓勵被猶太人排擠在會堂門外的非拉鐵非教會(三 7～8)，並催促老底嘉教會**開門**來迎接她的主(三 20)，約翰接著說:「此後，我觀看，見天上有**門開了**。」(四 1）當耶穌呼召地上的教會成爲**得勝**的教會（老底嘉教會爲代表，三 21)，約翰接著就將教會的眼光，放在那位已經**得勝**一切的猶大支派中的獅子（五 5)；如此呈現，當然能鼓勵信徒將眼目從環境中，轉向坐寶座的神和**得勝**的羔羊。約翰並預告在末世爲耶穌作見證，拒絕與撒但妥協，甚至因而被殺的人（二十 4)，將要與基督同坐寶座（三 21)，與萬王之王一同作王（二十 6)。如此藉著羔羊與寶座來闡述基督論，在新約中真是無可比擬！

6.1.2. 從寶座上看「上帝」與「羔羊」

本段我們將觀察約翰如何刻意藉著寶座的描繪，闡述上

臉像獅子、牛犢、人、飛鷹的四活物，有許多揣測。愛任紐認爲：約翰=獅子；路加=牛；馬太=人；馬可=鷹（見黃錫木編著：《四福音與經外平行經文合參》，頁 456～457）。奧古斯丁認爲：馬太=人；馬可=牛；路加=獅子；約翰=鷹。但若將第四章的四活物與耶穌畫上等號，那麼第五章中又出現四活物在敬拜人子羔羊，不也是分身在敬拜本尊？因此，最好的解釋，還是將四活物歸類爲特別的天使。見 Thomas, *Revelation 1~7: An Exegetical Commentary,* pp.354~358。

帝遙不可及（隱含著人需要中保來引導到上帝前的意思）外，也藉此呈現上帝和羔羊並列的地位。我們因此可以從寶座的角度看上帝和羔羊在寶座上的關係，以備了解本章後面所要討論的三位一體神觀。

首先，當約翰的讀者將眼光抬高到寶座上時，就會發現約翰用啟示文學來描繪上帝：「看那坐著的，好像碧玉和紅寶石；又有虹圍著寶座，好像綠寶石。」但接著他似乎又避開描繪上帝，只描繪上帝旁邊的二十四位長老，和代表上帝同在顯現的「閃電、聲音、雷轟」。約翰著墨的焦點在寶座前的七燈（就是神的七靈）、周圍的四活物，但就是沒有描繪那位坐寶座的廬山真面目（參賽六章；結一章）。

這種文學手法所要闡述的，正如約翰在他的福音書中所宣告的，「從來沒有人看見神」（約一 18）；就連摩西也僅能見到祂的背後（出三十三章）。整卷啟示錄，一提到上帝的顯現（七 9，十四 3，二十一 22），約翰都沒有描繪、也看不清上帝的容貌，由此可見人與神間有著不可跨過的距離（十五 2 的「玻璃海」）[12]。加上約翰關於寶座前的描繪，所敘述寶座前的情境，讀者所看到、聽到的，是愈來愈強烈的神同在的印證：從「閃電、聲音、雷轟」（四 5），「雷轟、大聲、閃電、地震」（八 5），「閃電、聲音、雷轟、地震、大雹」（十一 19），到「閃電、聲音、雷轟、大地震」（十六 18）。這四

12 玻璃海除了引用與以西結書一章 22 節神榮耀同在的典故，也回應了紅海東邊的救贖事件（同十五 2～3，隱含著末世「第二出埃及」後神兒女要唱摩西和羔羊之歌的意思），也有上帝藉著羔羊勝過撒但（十三 1「海」獸的化身）的含意。見 Beale, *The Book of Revelation*, pp.327~328。Aune, *Revelation 6~16*, pp.870~871 還指出，那「有火攙雜」的「玻璃海」，象徵著寶座上要施行給未信主者末世的審判。

處有排山倒海之震撼的經文描繪，都與寶座有關，且都在回應出埃及記上帝在西乃山的顯現[13]。這些記載，難免叫第1世紀的讀者回憶起，那叫百姓「盡都發顫」的西乃山上「雷轟、閃電和密雲……遍山大大的震動」的記載（出十九 16～18）；更能體會「因呼喊者的聲音，門檻的根基震動，殿充滿了煙雲」而戰慄的先知以賽亞，大呼「禍哉，我滅亡了！」的震撼（賽六 4～5）。約翰在闡述，愈定睛看神，就愈需要中保。沒有中保，人不敢、不可能也不配得見寶座上的神。

因此，當約翰敘述了第四章寶座前的敬拜次序（從外圈的二十四位長老，到裏圈的四活物），並將天上的敬拜藉著「你是配得（ἄξιος）榮耀尊貴權柄的」（四 11），推到最高潮後，接著就用修辭語法（五 3～4「誰配得」，ἄξιος），將焦點轉到惟一配得（ἄξιος）的羔羊（五 5、9、12）。而圍著寶座的彩虹（記念方舟後神與人立約）[14]，舊約大祭司胸牌的顏色（四 3；出二十八 17～20，三十九 10～13；結一 26、28），和新耶路撒冷城牆根基的顏色等（二十一 19～20），都回應著舊約中神同在彰顯的所在——至聖所[15]。這種文學手法，浮現出神學主題：人們進入神至聖所的道路和惟一盼望，單單在立約的中保：猶大的獅子，大衛的根，被殺的羔羊，彌

13 Bauckham, *The Climax of Prophecy*, pp.199~209.

14 虹的出現回應以西結書一章 28 節和創世記九章，象徵著上帝即使是審判官，仍會以憐憫恩待屬於祂的百姓。見 Rengstorf, *TDNT* III, 342。

15 Kline, *Images of Spirit*, pp.42~47; Beale, *The Book of Revelation*, pp.1080~1088.

賽亞耶穌基督（五 5～6）。當焦點定位在羔羊後，我們看到的不僅是第四章的四活物和二十四長老俯伏敬拜（五 8～10），還看到更大的敬拜團：千千萬萬的天使（五 11～12）和所有的被造之物（五 11），都投入敬拜羔羊的行列[16]！

其實羔羊與創造者並列，一直是啟示錄的一貫文學手法。譬如，約翰在闡述創造的神（四章），就必闡述救贖主的手法（五章）。在第六印，當地上各階層都在尋求藏起來，為要「躲避坐寶座者的面目和羔羊的忿怒」（六 16），而世上無人能躲避那忿怒時，我們立刻看到受永生神印的十四萬四千人，和「站在寶座和羔羊面前」的無數廣大群眾，大聲喊著說：「願救恩歸與坐在寶座上我們的神，也歸與羔羊！」（七 9～10）之後，坐寶座的和羔羊就成為固定的模式（七 14～17，十四 1～5，二十一 22～23，二十二 1～4）[17]。這種手法，提供了讀者了解上帝和羔羊之間的關係，特別是三位一體真神的經文根據。

6.1.3. 從啓示錄的序看「基督」和「上帝」

啟示錄的序（一 4～8），在典型的猶太問安（χάρις ὑμῖν καὶ εἰρήνη，即：願恩惠和平安歸於你們）之後，

---

16 Beale, *The Book of Revelation*, pp.357~366; 周兆真著：〈偉大的老師：啟示錄作者的特性〉，55。難怪英國一文豪說：「若是蘇格拉底或是莎士比亞走進來，我們都要站立；若是耶穌走進來，我們都要跪下。」

17 Carnegie（“Worthy is the Lamb: The Hymns in Revelation,” p.252）指出，啟示錄四至十九章間的主要段落，都以讚美詩為高潮、結尾（如四 8～11，五 9～14，七 9～12，十一 15～18，十四 1～5，十八 20，十九 1～8）。參 Koester, *Revelation and the End of All Things*, p.39。

約翰藉著一個介詞（ἀπό）來闡述平安的來源——三位一體真神：（1）從那昔在、今在、以後永在的〔神〕（ἀπὸ ὁ ὢν καὶ ὁ ἦν καὶ ὁ ἐρχόμενος）[18]；（2）從他寶座前的七靈（ἀπὸ τῶν ἑπτὰ πνευμάτων ἃ ἐνώπιον τοῦ θρόνου αὐτοῦ）；（3）從耶穌基督（ἀπὸ Ἰησοῦ Χριστοῦ）等三處。約翰在闡述，認識三位一體的真神就可以得平安（參彼前一2）。如此陳述，除了宣告聖靈在三位一體中的地位外（見 6.6.「聖靈與『七靈』」），也表明了基督與父神並聖靈不可分的關係。

在 3 次的 ἀπό 後，約翰將焦點全放在基督上，藉著 3 個代表基督事奉中心的 3 個頭銜[19]，來闡述認識三位一體中的基督所要帶來的安慰[20]：（1）代表地上生命的「那誠實作見證的」（ὁ μάρτυς ὁ πιστός）；（2）代表十字架上的工作的「從死裏首先復活」（ὁ πρωτότοκος τῶν νεκρῶν）；和（3）代表末世要以榮耀身分再來的「為世上君王元首」（ὁ ἄρχων τῶν βασιλέων τῆς γῆς）。約翰刻意繼續刻畫十字架的工作（一 6，「他愛我們，用自己的血使我們脫離罪惡」），與末世行審判（一 7，「看哪，他駕雲降臨！眾目要看

---

18 在第一個 ἀπό 之後，約翰用不規則的希臘文用法，與他刻意將讀者的視野連結到舊約有關，見 Beale, *The Book of Revelation*, pp.188~189。包衡認為約翰可能要強調基督和上帝的合一性（*The Theology of the Book of Revelation*, p.60；中譯本：《啟示錄神學》，頁 82）。

19 Aune, *Revelation 1~5*, pp.27~28; Beale, *The Book of Revelation*, pp.190~195.

20 一章 4 至 6 節之書信問安和三一頌，正好就安置在這本書中七福的第一福（一 3）之後。

見他，連刺他的人也要看見他；地上的萬族都要因他哀哭。」）並列。但是明顯地，這兩件基督事奉中心的事件（十字架和末世審判），是建立在耶穌地上「誠實作見證」的事奉。沒有耶穌在地上的事奉（從道成肉身起），就沒有死裏復活和再來。耶穌在十字架上的工作建立在道成肉身的根基。因此，約翰福音中從道成肉身開始呈現的基督論（約一 1～18；詳見 6.1.5.「從啟示錄、約翰福音看『上帝』與『基督』」），變成啟示錄基督論的根基。

6.1.4. 從啓示錄中上帝的稱呼看「上帝」與「基督」

從啟示錄所描繪的「寶座」和啟示錄的序看，約翰明顯地一邊描繪上帝，一邊描繪耶穌。從上帝的稱謂看，也是如此。首先，約翰用希臘字的開始與結尾字母，來闡述上帝才是時間空間的最後終結者：

> 主神說：我是阿拉法，我是俄梅戛，是昔在今在以後永在的全能者（一 8）。

如此將「初」（阿拉法）和「終」（俄梅戛）的宣告歸給上帝，正如以賽亞書上帝自我的宣稱一樣（賽四十一 4，四十四 6，四十八 12）[21]，當然提醒熟悉舊約的讀者，神人摩西的神觀：

> 主啊！你
>
> 　　世世代代（時間）
>
> 　　　　作我們的居所（空間）

21　這樣的「初與終」的格式，曾被希臘哲學傳統用以指稱至高神的永恆性。猶太作者約瑟夫稱神為「萬有的初與終」（*Ant.*8.280； 參 Philo, *Plant.* 93）。

諸山未曾生出，地與世界你未曾造成（空間）
從亙古到永遠（時間）
你是神

（詩九十 1～2）

摩西如此精彩的交錯配列結構闡述，同樣闡述上帝是超越時空，闡述著上帝的超越性（上帝在時間——空間——空間——時間之外），更闡述上帝是時間與空間的創造者（創一 1）。約翰則藉著上帝「我是阿拉法，我是俄梅戛」的宣告，闡明祂是主，也是人間歷史的主宰。歷史不是掌握在羅馬皇帝的手中（救恩歷史情境）[22]，而是在掌握時間與空間、卻不被時間與空間所轄制的上帝手中[23]。在啟示錄 6 次的寶座情境中的第一次[24]，二十四位長老的讚美詩裏，上帝的超越性被高舉到最極致，浮現的神學是：上帝是創造萬有的主（正如同摩西在詩篇九十篇所闡述的神學）：

---

22 正如包衡指出，啟示錄十三章和十七、十八章，分別是對羅馬帝國的政治和經濟絕對化、偶像化和自我神化的諷刺（*The Theology of the Book of Revelation,* pp.35~39；中譯本：《啟示錄神學》，頁 47～53）。他又說：「對於羅馬而言，啟示錄就像是非常猛烈的一擊，而在早期帝國時期那些帶有政治反抗意味的文學作品中，這也是最有力的其中一卷。」

23 有演化論背景的過程神學（Process Theology），認為上帝與被造之物一同被演化；如此學說，不過是科學家（如德日進和數學家懷海德等）腦筋中所製造出來的概念，絕非聖經中的神！

24 6 次的寶座情境經文如下：（1）四章 2 節至六章 17 節；（2）七章 9 至 17 節；（3）十一章 15 至 19 節；（4）十四章 1 至 5 節；（5）十五章 2 至 8 節；（6）十九章 1 至 8 節。關於寶座的功能，見 Aune, *Revelation 1~5*, pp.276~278。

「我們的主，我們的神，你是配得榮耀、尊貴、權柄的；因為你創造了萬物，並且萬物是因你的旨意被創造而有的。」（四 11）

約翰藉著二十四位長老的敬拜，浮現出上帝是創造萬物的主宰，是阿拉法的神，任何的有限物頂多不過是跟敬拜者一樣，都是出於同一位創造者（十九 9～10，二十二 8～9）[25]。全地對獸的敬拜（十三 8）理應是上帝應得的，因為祂才是萬有的創造者（而非獸）。

此外，約翰喜歡用「全能者」（ὁ παντοκράτωρ）來形容上帝。在新約中，「全能者」共出現 10 次，有 9 次是出現在啟示錄（一 8，四 8，十一 17，十五 3，十六 7、14，十九 6、15，二十一 22），其中第一次就是出現在有「我是阿拉法，我是俄梅戛」和「昔在、今在、以後永在」者的上下文中[26]，其餘 8 次通通出現在上帝被頌讚的上下文。「全能者」一詞源自舊約的「萬軍的耶和華」（יהוה צבאות），它僅單單被用於形容上帝[27]，其隱含著上帝是人間歷史的主宰，更呈現著

---

25 神學影響政治。Nicholls 說的對：「因為神是主，所有的男女都同為祂的子民，沒有人可以自高自大地管制他的同胞。」（*Deity and Domination*, p.236）。「神的主權」開創了英國現代民主體系，但可惜的是，從中國政治發展史看，中國一直心儀法國大革命，沒有留心英國與美國大革命所帶來的意義。見羅秉祥著：《黑白分明》，頁 199～204。

26 奧斯邦指出，第一章中上帝的 3 個頭銜都是為了浮顯上帝的主權：「昔在、今在、以後永在」者、「我是阿拉法，我是俄梅戛」和「全能者」(*Revelation*, p.32)。

27 Boring, "The Theology of Revelation: The Lord Our God the Almighty Reigns," 257~269.

上帝是神聖的勇士[28]。

了解約翰如何闡述上帝的屬性後[29]，我們發現，約翰是藉著主角改變的手法，精密巧妙地將基督論放在三位一體的神學中：

> 主神說：我是阿拉法，我是俄梅戛（一 8）
> 耶穌：我是首先的，我是末後的（一 17）

約翰用這種互換的手法，來闡述基督與上帝同質、同權、同榮的關係，闡述了耶穌不僅僅是七個教會的元首主宰，更是萬有的根源（比新約任何地方更清楚）[30]。這種手法，在啟示錄的跋中再度出現[31]：

> 上帝：我是阿拉法，我是俄梅戛；我是初，我是終。（二十一 6）
> 耶穌：我是阿拉法，我是俄梅戛；我是首先的，我是末後的；我是初，我是終。（二十二 13）

從序（一 17）到跋（二十二 13）中基督兩次的自我宣告，說明了「基督再來之時，那位萬有之源的神就同時成了萬有

---

28 Longman III, "The Divine Warrior: The New Testament Use of an Old Testament Motif," 290~307; Vögtle, "Der Gott der Apokalypse," pp.377~398.

29 關於上帝的其他屬性，如聖潔、不變和信實，見吳獻章著：《聖經真密碼》，頁 73～88；Bauckham, *The Theology of the Book of Revelation*, pp.30~53（中譯本：《啟示錄神學》，頁 41～70）。

30 Bauckham, *The Theology of the Book of Revelation*, pp.74~79（中譯本：《啟示錄神學》，頁 54～58）。

31 Bauckham, *The Climax of Prophecy*, pp.32~34.

的終結。正是基督在復活之時所進入的終末的生命，為一切被贖回的受造物在神的新創造中所分享。」[32] 接著，約翰用相同的希臘字(ὁ ἐρχόμενος，英譯為：The one who is to come)來描繪基督與神不可分的親密關係：

> 上帝是昔在、今在、以後永在（ὁ ἐρχόμενος）的全能者（一 8）
>
> 主神是昔在、今在、以後永在（ὁ ἐρχόμενος）的全能者（四 8）
>
> 看哪，我〔耶穌〕必快來（ἔρχομαι，英譯為：I am coming；二十二 7）

啟示錄一章 8 節和四章 8 節用這種三段式的時態（昔在、今在、以後永在）來肯定存在，曾被希臘哲學家和猶太他爾根用於形容那位至高神[33]。但包衡正確地指出，約翰雖同樣用了這三段式的手法，但他的手法超越希臘哲學家和猶太他爾根。他引用舊約聖經作為他的經文根基（如詩九十六 13，九十八 9；賽四十 10，六十六 15；亞十四 5)，強調了上帝不僅將來存在（祂「要來」與祂「以後永在」的希臘文屬同一字)，祂來的目的乃要拯救和審判這世界（十一 17)，而行拯救與審判的代理就是那位要來的基督（十九 6～21）[34]。

---

32 Bauckham, *The Theology of the Book of Revelation*, p.58（中譯本：《啟示錄神學》，頁 79）。

33 Aune, *Prophecy in Early Christianity and the Ancient Mediterranean World*, pp.280~281.

34 圍繞在基督二次降臨的經文前後（十九 11～16），有代表著聖徒蒙拯救的「新婦被邀參加羔羊筵席」（十九 7～9），和代表著惡者受審判的「飛鳥被邀參加神的筵席」（十九 17～18）。

約翰就在啟示錄中（一 4、8，四 8，十一 17 和十六 5）非常創意地將上帝要來施行的拯救和審判，完全與耶穌的再來畫上等號[35]。

其實，這位將要再來的耶穌，重複出現在這卷經典中（二 5、16，三 3、11，十六 15），且當敘述完末世論的高潮——新天新地——後，耶穌還 3 次親口說：「我必快來。」（二十二 7、12、20）這 7 次的「我必快來」（二 5、16，三 11，十六 15，二十二 7、12、20）[36]，充分地描繪了約翰的神學意圖：在末世，與上帝親密而不可分割的耶穌（being），將代替上帝去執行上帝的旨意，正如約翰福音所清楚闡述的神學：上帝所要做的事，耶穌照樣做（doing/functional；約五 19）[37]！

6.1.5. 從啓示錄、約翰福音看「上帝」與「基督」

正如前面結論所提，啟示錄中「基督」與「上帝」互換的文學筆法，表達基督的身分與上帝不可切割的合一關係（being），並類似約翰福音所說「父要做的事子也照樣做」的工作契合關係（doing；約五 19、21～22、27），正好也是約翰福音一貫的神學特質（約十 30，十七 11、21～22）。從約翰福音的整體架構看，約翰刻意用精挑細選的耶穌所行的神

---

35 Bauckham, *The Theology of the Book of Revelation*, pp.28~29（中譯本：《啟示錄神學》，頁 39～40）。

36 同「七重福氣」（一 3，十四 13，十六 15，十九 9，二十 6，二十二 7、14）和七次「那位坐在寶座上的」（四 9，五 1、7、13，六 16，七 15，二十一 5）一樣，在啟示錄中，「七」是完全的數字。

37 Bauckham, *The Theology of the Book of Revelation* pp.63~65（中譯本：《啟示錄神學》，頁 85～88）。

蹟（doing，*sign*），與接下來祂的談論（discourse）呼應，以印證耶穌是神子（being，*sign*ificance），是舊約所盼望的基督[38]。約翰在他精心安排的 8 個神蹟後[39] 所闡述的神學信息（*sign*ificance）的一個核心為「我是」，目的當然是要使他的讀者回想舊約中那位「我是自有永有的」（英譯為：I am Who I am；出三 14）耶和華，就是舊約中神與祂百姓立約的神（賽四十三 10、25），已完全彰顯在耶穌基督的面上（林後四 6），這些正與啟示錄中上帝與基督的關係相呼應、相吻合（正如前一段所描述的）。

此外，約翰福音中用了 106 次的神子／人子的稱謂（馬太福音僅用了 23 次），我們可以看出，約翰藉著記載耶穌是完全的人與完全的神[40]，以闡明三位一體真神的合一性，給其他的神學主題如救恩論、教會論、末世論，奠定完整且合一的根基。和以賽亞書相同，約翰福音的聖靈論、救恩論、末世論都是建立在基督論上，而基督論的核心問題，是在三位一體的合一性上[41]。

正如亞波德所說[42]，「合一」是約翰福音的中心神學主

---

38 Carson, *The Gospel According to John*, pp.82~104.

39 吳獻章著：《跨世紀的英雄》，頁 114～117。

40 這是駁斥那後來主張耶穌像神，但又不是神的「亞流派」理論的經文根據。同時也是駁斥那提倡耶穌不是完全的人之「幻影說」（Doceticism）的「鐵證」。約翰當時所流傳的幻影說（約壹二 22，四 1～4，五 6～9），否認耶穌是真正的人（認為祂只不過看起來像人而已）。這個說法影響到穆罕默德和回教徒一致誤認耶穌沒有道成肉身。見 Carson, *The Gospel According to John*, pp.623~624。

41 吳獻章著：〈以賽亞書中的聖靈〉，頁 101～130。

42 Appold, *The Oneness Motif in the fourth Gospel*。Bauckham 也在 *God*

題。約翰闡述說，父藉著子，啟示了人們生命、光、真理、榮耀乃至神本身（revelational，即：啟示性的，參約一 1～14）；人們可以透過與父合一的子而與天父合一（relational）。這個神學主題，與啟示錄的開場白：「**耶穌基督的啟示，就是神賜給他**，叫他將必要快成的事指示他的眾僕人。他就差遣使者曉諭他的僕人約翰」（一 1），完全吻合。

但是約翰在啟示錄中所描繪的基督，和他在福音書中的記載有些不同。在約翰福音中，約翰的重心在基督的受死埋葬復活：

1. 「摩西在曠野怎樣舉蛇，人子也必照樣被舉起來」（約三 14）
2. 「我是好牧人；好牧人為羊捨命。」（約十 11）
3. 「我若從地上被舉起來，就要吸引萬人來歸我。」（約十二 32）

但是，約翰在他的啟示錄中所描繪的基督則有明顯的不同：

> 我轉過身來，要看是誰發聲與我說話；既轉過來，就看見七個金燈臺。燈臺中間有一位好像人子，身穿長衣，直垂到腳，胸間束著金帶。他的頭與髮皆白，如白羊毛，如雪；眼目如同火焰；腳好像在爐中煆煉光明的銅；聲音如同眾水的聲音。他右手拿

Crucified 一書中指出，耶穌與上帝的神位格之合一（Jesus as intrinsic to the unique identity of Goc；參林前八 6），比受希臘哲學影響出來的早期教父們，所發展出來的基督論（邏輯式地區分為功能性與本體性），更為基本，更接近新約，也更靠近猶太教當時的獨一神觀念。第 1 世紀的猶太人所關心的，不是希臘式的（甚麼是神性？），而是希伯來式的問題：誰是耶和華？

著七星，從他口中出來一把兩刃的利劍；面貌如同烈日放光。（一 12～16）

這段經文中，約翰如何引用舊約，和引用了多少舊約經卷，雖有爭議[43]，但不可否認的事實是，從約翰在一章 9 至 20 節所描繪的基督容貌看，約翰將基督的屬性從約翰福音書中主要的慈愛（當然不表示約翰福音書中沒有公義屬性，如約五 22～29），轉而集中描繪他末世要來時的公義、聖潔和審判屬性（當然這也不表示啟示錄中單單只有審判的屬性，參五章，七章，十四章，二十一章）。基督為審判官的角色（如但七 13～14 的人子），就成為啟示錄第二章之後（包括勸誡七教會）的信息根基[44]。

原來，約翰將他的啟示錄，建立在約翰福音中基督已完成在十架上之代贖並得勝的工作根基上，來描繪他的神學中心：基督必快再來的審判。因此啟示錄裏的基督不是柔順到被宰殺的基督，而是被殺後的羔羊，卻以獅子審判的聖潔可畏姿態出現（五 5～6）[45]，難怪約翰一看見耶穌，並不像他

---

43 畢爾認為啟示錄的架構，基本上建立在但以理書上。但是 Boismard 和 Vanhoye 認為以西結書才是啟示錄的架構模式。此外，關於新舊約間的引用的議題，歐尼批評畢爾將啟示錄單單套進但以理書中來看，疏忽新約作者藉著舊約來闡述新約的信息。見 Aune, *Revelation 1~5*, pp.73~74。

44 Beale, *The Book of Revelation*, pp.223~224.

45 約翰清楚闡述，基督是得勝的羔羊，但祂得勝的方式是藉著親自流血（五 9，七 14，十二 11），成為被殺的羔羊（五 6、9、12，十三 8）。關鍵的經文就在五章 6 節所描繪，那「被殺的羔羊」得勝（Slain Lamb），成為有末世審判權柄象徵的「七角」，並接受四活物、二十四長老和所有被造物的敬拜（五 8、12、13）。（見 Reddish,

在其他書信中的描繪（約壹一1：「所看見、親眼看過、親手摸過」)，而是「仆倒在他腳前，像死了一樣。」(一17)

約翰記載，基督審判的權柄是藉著他從死裏復活後所得的主權（一5，「從死裏首先復活、為世上君王元首的耶穌基督」)。因著基督在十字架上得勝，羔羊成為整卷啟示錄中3個神學體系的根基：(A)救恩論：拿著死亡與陰間的鑰匙(一18，二十14，二十一4)；(B)教會論，成為教會的主宰（一20，「我右手中的七星和七個金燈臺……那七星就是七個教會的使者，七燈臺就是七個教會。」)；和（C）末世論（羔羊揭開七印，六1；羔羊結束七碗、巴比倫，十六～十九章)。

6.2. 啓示錄的神觀

啟示錄一開始就表明上帝是啟示的源頭(一1)。全書中多處的寶座異象、頌讚和三一頌，焦點集中在上帝，顯明這卷書實在是以上帝為中心。書中對上帝的稱呼，如「我是阿拉法，我是俄梅戛」(一8，二十一6，二十二13)、「全能者」(一8，四8，十一17，十五3，十六7、14，十九15，二十一22)、「昔在、今在、以後永在」(一4、8，四8)、「坐在寶座上」(四2、3、9，五1，六16，七10、13、15，十九4，二十一5)等，在在都強調上帝超越宇宙萬物。然而上帝不僅有其超越性（Transcendence)，祂同時也有內住性(Immanence)，正如約翰所強調：「神的帳幕在人間。他要與

"Martyr Theology in the Apocalypse," 87~88。）詳見6.5.「獅子、羔羊與牧人」。

人同住，他們要作他的子民。神要親自與他們同在，作他們的神。」(二十一 3)，並「神要擦去他們一切的眼淚」(七 17，二十一 4)。

在本章所看到啟示錄裏上帝的種種屬性中，有一蘊藏豐富神學意義的項目，就是上帝是「昔在、今在、以後永在的那位」(ὁ ὢν καὶ ὁ ἦν καὶ ὁ ἐρχόμενος，一 4、8，四 8，十一 17，十六 5；後兩處經文只有「昔在、今在」)。從當時的背景看（救恩歷史情境），在希臘的世界中，荷馬、柏拉圖和蒲魯他克都曾經用類似這樣的三重式語法來描繪神明。宙斯曾被戴上這頭銜：「Zeus was, Zeus is, Zeus shall be。」[46] 但這段經文的舊約出處，上帝啟示自己給摩西為 אֶהְיֶה אֲשֶׁר אֶהְיֶה（出三 14；《七十士譯本》作：Ἐγώ εἰμι ὁ ὤν，即：我是自有永有的）。正如歐尼所指出的，約翰用這樣三重式的公式，將信徒的眼光從第 1 世紀羅馬對宙斯的崇拜，轉移到對以色列真神的崇拜[47]。

接著，從一章 4 節的上下文和整卷啟示錄看，約翰這描繪上帝之三重式修飾語中的第三個項目，沒有用回應前兩項（都是 “be” 動詞）的將來式（“to be”，ὁ ἐσόμενος）[48]，卻用了現在分詞（“to come”，ὁ ἐρχόμενος），來闡述這位上帝不僅僅是在過去、現在（和未來）都存在，更給上帝在末世

46 Aune, *Revelation 1~5*, p.31.

47 Aune, *Prophecy in Early Christianity and in the Ancient Mediterranean World*, p.281.

48 亞歷山大的革利免就是這樣解釋上帝的；「the one who is and who will be」(*Strom.* 5.6；或譯：「〔上帝〕現在是那一位，將來也永遠是。」)。

的角色定位——施行拯救和審判[49]！如此用法，將整卷啟示錄放在過去和現在掌權的上帝手中，更將整卷書所要表達的信息，放在末世上帝必要來審判的陰影下[50]！譬如，以弗所教會若不悔改，「我就臨到你那裏，將你的燈臺從原處挪去」（二 5）。別迦摩教會若不悔改，「我就快臨到你那裏，用我口中的劍攻擊他們」（二 16）。非拉鐵非教會「既遵守我忍耐的道……我必快來，你要持守你所有的，免得人奪去你的冠冕」（三 10～11）。在進入第六碗的災害中，耶穌用「看哪，我來像賊一樣」鼓勵信徒。最後，在跋中那 3 次高頻率、高分貝的口語「看哪，我必快來」（二十二 7、12、20），將全書籠罩在「耶穌必再來」的陰影下，甚至最後約翰以「主耶穌啊，我願你來！」戲劇性地結束本書。因此，從約翰用「昔在、今在、以後永在」來稱呼上帝，可以看出超越時間的上帝是掌權者和審判官，而審判的權柄完全交給耶穌[51]，因此耶穌也是掌權者和審判官，正如約翰福音所闡述的（約五 22、27）。這引導我們進入下一段，也是本章研究的焦點：三位一體的神觀。

---

49 Bauckham, *The Theology of the Book of Revelation*, p.29.

50 上帝的主權貫穿整個審判（ἐδόθη「賜給」六 2、4、8，七 2，八 2、3，九 1、3、5，十三 5、7、14、15），特別集中在前四印和敵基督、假先知的災害，闡述了若沒有上帝允許，惡者不能做甚麼。見 Osborne, *Revelation*, p.32。

51 啟示錄原稱呼上帝為「全能者」（一 8，十九 6），但在基督再次降臨後，地上的君王並其指揮（獸）被基督所殺戮、擒拿（十九 19～21），基督被描繪成「用鐵杖轄管」的全能者（十九 15）。

6.3. 启示錄的三一神觀

最早期並最完整地發展出三位一體神學的基督文獻，大概就是啟示錄。在本段，我們將先看基督顯現的描繪，並啟示錄如何將耶穌高舉，看出其與上帝的關係。

啟示錄第一章所描繪的基督顯現，是但以理書十章和以西結書一章的組合。這位基督像人子（但十 16；結一 26），祂身穿長衣，直垂到腳（但十 5），胸間束著金帶（但十 5），眼目如同火焰（但十 6），腳好像在爐中煆煉光明的銅（結一 7；但十 6），聲音如同眾水的聲音（結一 24；但十 6），面貌如同烈日放光（但十 6）。約翰以這種將天使和上帝模糊化的手法來描繪基督的顯現，和同期的猶太文獻相仿[52]。此外，約翰所描繪這位「發聲」的人子，是兩約間猶太文獻對於近乎神性之中保的描繪[53]。

但是約翰所描繪的不僅是天使，因為約翰還將但以理書七章 13 節中那位「被領到亙古常在者面前」、「像人子的」融合進來，因此啟示錄一章中「一位好像人子」，祂的「頭與髮皆白，如白羊毛，如雪」（一 13～14），就如同但以理書七章 9 節中那位坐在寶座上亙古常在者一樣。此外，約翰還將以西結書中那位坐在寶座上彷彿人的形狀（結一 26），融入啟示錄一章中。因此這位顯現的耶穌與天使截然不同，因為祂與那位坐在寶座上的上帝有不可分的關係。

---

52 Rowland, "The Vision of the Risen Christ in Rev. i. 13ff.: The Debt of an Early Christology to an Aspect of Jewish Angelogy," 1~11; Collins, "Revelation, Book of," p.705; Dunn, "Christology (NT)," p.987.

53 見 Charlesworth, "The Jewish Roots of Christology: The Discovery of the Hypostatic Voice," 19~41。

但是約翰不僅僅使這基督和上帝兩個位格混淆而已，他進而將基督的神性抬高，這個藉著模糊因此高抬基督的神性，在基督顯現之前的開場白中（一 4～8）就已經呈現。在一章 6 節中「但願榮耀、權能歸給他（αὐτῷ）」，約翰就用單數來代表三一頌中的領受者（上帝和耶穌基督）。但是仔細察看，**αὐτῷ** 的前述詞是「愛我們，用自己的血使我們脫離罪惡」的那位（**Τῷ ἀγαπῶντι**），基督和上帝的界線已經被模糊。此外，一章 5 至 7 節的主詞一直是耶穌基督，但是一章 8 節的主詞又回到上帝，那位「我是阿拉法，我是俄梅戛，是昔在、今在、以後永在的全能者」，但是在一章 17 至 20 節又將上帝的稱謂歸給耶穌基督。這樣混淆兩個位格的用法也在跋中出現（二十一 6，二十二 13）。

從寶座和羔羊的關係看，羔羊原來位於最靠近寶座的旁邊（五 6）[54]，在七章 9 節羔羊明顯地就在寶座旁，但是七章 17 節羔羊則在寶座上！到了二十二章 1、3 節，寶座已經成為上帝和羔羊的寶座了。

從敬拜角度看，啟示錄極其關心真假敬拜。那些拜獸者被審判，不單單是因為他們敬拜獸（十三 8，二十 12～15），也因為他們拒絕敬拜上帝（十五 4，十六 9）。約翰本身被兩次警誡要單單敬拜上帝（十九 10，二十二 8、9），但是耶穌並沒有阻止約翰敬拜祂（一 17）；而啟示錄四章的敬拜情境，在第五章完全轉向敬拜羔羊。因此，我們看出，啟示錄刻意將基督和上帝間的差異模糊，並將基督的神性完全高舉，本書對於新約最大的貢獻之一就在於此！

---

54 Beale, *The Book of Revelation*, p.350.

6.4. 启示錄的基督論

基督顯現時「眼目如同火焰」(一 14)，羔羊有「七眼」(五 6)，這兩個意象說明了耶穌無所不知的屬性，這個屬性更被兩組經文所印證：耶穌對七個教會所說「我是那察看人肺腑心腸的」(二 23)，和七次說「我知道」(οἶδα，二 2、9、13、19，三 1、8、15)。此外，耶穌在七個金燈臺（七個教會，一 20）中行走，除了表示教會的主權在耶穌手中，也表示耶穌涉入教會，並說明他與教會的關係，正如舊約的上帝與以色列一樣，同是建立在約的基礎上[55]。

新約沒有一卷書像啟示錄那樣推崇神子耶穌基督。本書在一開始的異象中，基督以榮耀君王和審判者的身分顯現(一 12～18)，就深深震撼讀者眼目和心靈。在整卷書中，上帝是全宇宙的至高主宰（四 11)，也是人類歷史的至高主宰(一 4、8)，而基督的身分、榮耀、權柄都與神自己沒有差別(四 11，五 12～13，七 12)，祂的稱謂和上帝相同（二十一 6，二十二 13)。和上帝一樣，這耶穌得著四活物、二十四長老和信徒的敬拜(五 8～10)、千萬天使的敬拜(五 11～12)、天地間所有被造之物的敬拜（五 13)，也是得勝獸者歌頌的焦點（十五 3)。祂既是福音書所描繪道成肉身的道（十九 13；約一 14)，在末世祂還要以萬王之王、萬主之主的姿態

---

55 Mounce, *The Book of Revelation*, pp.67~68；Brewer (“Three Weddings And A Divorce: God’s Covenant With Israel, Judah and the Church,” 1~25）說，神原向以色列、猶大（記於摩西五經）和教會立約（新約），但因以色列背棄神，神與以色列所立之約於公元前 722 年中止；神與猶大所立之約也於公元前 586 年結束。但守約的神（出二十一 10～11；結十六章）藉著祂兒子完成了舊約中的律法，並與祂的百姓重立新約。

再來（十七 14，十九 16），在永世裏，祂更是天上新耶路撒冷城神榮耀的光輝（二十一 23；來一 3）、明亮的晨星（二十二 16；民二十四 17）。

約翰最常稱呼耶穌為「羔羊」（共有 28 次），這自然使人回想到約翰福音所提到神在基督裏的救贖工作（約一 29）。祂勝過死亡，並拿著死亡和陰間的鑰匙（一 18）。祂帶來了神給人類的救恩（一 5～6，五 9～10，七 10），祂是使神受苦兒女心靈得安慰的大牧者（七 17），祂所流寶血是信徒得勝的保證（十二 11）。基督的彌賽亞事奉，在啟示錄所用兩個表徵中完全彰顯：受苦的僕人（羔羊）和執掌主權的君王（獅子）。這羔羊是猶大支派中的獅子（五 5），祂也是大衛的根（五 5），祂拿著大衛的鑰匙（三 7）。本是柔順、被殺的羔羊（五 6），在末世祂將以忿怒羔羊的身分顯現（六 16）。祂手中握著審判的權柄（一 12～18），只有祂配得展開末世書卷（五 5、7，六 1）。祂頭上戴著金冠冕（十四 14，十九 12），在末世祂將擊殺列國（十二 5，十九 15），用權柄鐵杖轄管他們（十九 15）。

6.5. 獅子、羔羊與牧人

啟示錄中的基督至少有 23 個稱謂或意象，如「並那誠實作見證的」、「從死裏首先復活」、「為世上君王元首的」、「用自己的血使我們脫離的」、「駕雲降臨者」、「一位好像人子」、「首先和末後的」、「那存活的」、「拿著死亡和陰間鑰匙的」、「上帝之子」、「那聖潔、真實的」、「拿著大衛鑰匙的」、「在神創造萬物之上為元首的」、「那為阿們的」、「猶大支派中的獅子」、「大衛的根」、「羔羊」、「婦人的男孩」、「騎白馬者」、「萬王之王、萬主之主」、「上帝之道」、「我是阿拉法，我是俄梅戛」和「明亮的晨星」等。從耶穌給七教會的信息中不同的自我稱呼，因著情境不同而轉變來看，啟示錄中基督不同的稱謂或意象的角色，乃隨著信息本身的需要在改變。了解不同的角色和角色如何轉變，對於神工人的事奉，具有一定的啟發性。本段將集中在獅子、羔羊與牧人 3 個關鍵角色來探討。

首先，在啟示錄第五章中，二十四位長老中的一位，告訴了哭泣的約翰那配得揭開末世七印的，是猶大支派中得勝的獅子、大衛的根（五 5）。約翰所用兩個象徵性的頭銜「猶大支派中的獅子」和「大衛的根」，是舊約彌賽亞預言的累積與連結[56]。正如撒迦利亞書六章 10 至 13 節和詩篇一一○篇 4 節將彌賽亞的祭司和君王兩個職分融合一樣，約翰將這兩個含有基督兩次降臨的象徵，完全融合在一起。其中，引自創世記四十九章 9 節之「猶大的獅子」，代表著彌賽亞的震撼威力[57]。而「大衛的根」代表著耶穌是猶太的戰士、君王、大衛的先祖，正如符類福音所了解的詩篇一一○篇[58]。而這「已得勝，能以展開那書卷，揭開那七印」的「猶大支

56 見創世記四十九章 9 至 10 節；以賽亞書十一章 1、10 節；耶利米書二十三章 5 節，三十三章 15 節；撒迦利亞書三章 8 節。另參啟示錄二十二章 16 節。

57 大約與啟示錄同時期的《以斯拉四書》11.36~46, 12.31~33，就描繪彌賽亞譴責代表羅馬帝國的獅子。

58 見馬太福音二十二章 41 至 46 節；馬可福音十二章 35 至 37 節；路加福音二十章 41 至 44 節。

派中的獅子，大衛的根」中的「得勝」（ἐνίκησεν，五 5），約翰用完備、有效型的簡單過去式（consummative or effective aorist）[59]，正好闡述了約翰用這兩個表徵所要達到的真理：第二至三章中七教會（和末世所有的教會）得勝的根基和盼望，全在於已經得勝了一切的基督[60]。

但是當約翰想看那位得勝的「猶大的獅子、大衛的根」時，他看到的，卻是被殺過、站立的羔羊[61]（五 6）。之後，這個被殺的羔羊一直成為約翰呈現基督論的暗喻[62]。約翰明顯地將以賽亞書十一章 1 節的大衛之根、十一章 2 節的七靈，與受苦僕人之歌（特別是賽五十三 2、7），和撒迦利亞所說的大衛的苗裔（亞三 8，六 12）、七眼的石頭（亞三 9）融合在一起，因此大衛之根／苗裔等於七眼的石頭，等於受苦的僕人／根／羔羊，等於七眼、被殺的羔羊，亦即有七角七眼（就是上帝的七靈）的被殺羔羊（五 6）。約翰如此創意地連結經文，刻意在引導他的讀者重新了解獅子的得勝和自我犧牲，因此使得舊約中彌賽亞的得勝，與新約中耶穌的受死連結起來。

約翰如此融合連結的手法，除了闡述基督藉著十字架勝過撒但和死亡外（來二 14），祂之所以能「拿著死亡和陰間的鑰匙」，是因為祂「曾死過，現在又活了」（一 18）。同時，

---

59 見 Fanning, *Verbal Aspect in the New Testament Greek*, pp.263~264。

60 見 Wall, *Revelation*, in New International Biblical Commentary, p.102。

61 根源來自舊約逾越節羔羊（出十二 5；賽五十三 7；見約一 29、36；徒八 32；彼前一 19）。

62 啟示錄六章 1 節及下，七章 9 節及下，十二章 11 節，十三章 8 節和二十一章 9 節。

對約翰的原始讀者而言，約翰這種融合手法強烈地提示著，耶穌藉著死亡、殉道而得勝，正好成為信徒為天國委身而可能犧牲自己的榜樣，亦即，耶穌是教會歷史中殉道者的模範！

殉道在啟示錄中是個重要的主題。七個教會中，有六個教會都曾被勸勉要在逼迫或異端的威脅中持守信心，在示每拿與別迦摩教會更有活生生的殉道事件在上演著；第五印祭壇底下所發出的冤聲，就是出自為堅守神的道被殺信徒的口中；撒但就是被「雖至於死，也不愛惜生命」者所勝過（十二 11）；千禧年信息中就是盈溢著為信仰而被斬殺者的靈魂。此外，為了見證而死的人如安提帕（二 13）、兩位先知（十一 8～10），和大淫婦「喝醉了聖徒的血」等殉道事跡（十七 6），貫穿整卷啟示錄。這些冤屈得以伸張、公義得以彰顯、信徒得安慰的管道（六 10～11，十四 13，十五 4，十六 5～7，十八 20，十九 2，二十一 4），就是這位因著被殺、「穿著濺了血的衣服」藉以得勝的羔羊（十九 13）[63]。

當然，啟示錄不僅將耶穌的角色單單局限在殉道的典範而已。雖然羔羊／獅子得勝死亡給殉道注入神學意義，但是羔羊被殺的主要意義仍然是在救贖方面。在啟示錄五章 9

---

63 學者對這血的來源有爭議。有些認為是仇敵身上的血，如 Beale, *The Book of Revelation*, pp.958~960; Reddish, "Martyr Christology in the Apocalypse," 89~90。有些認為是羔羊所流的寶血，如 Rissi、Johnson、Krodel、Boring、Wall 和 Harrington。有些認為是殉道者身上的血，如 Caird。這段經文引自以賽亞書六十三章 1 至 6 節；從整卷啟示錄看，約翰似乎將 3 種可能融合在一起，這位因著自身流血、被殺的羔羊，在末世將以騎著白馬的得勝姿態出現，並將按著公義，替殉道者所流的血申冤，審判人間流殉道者血之人（參十四 20）。

節，羔羊被頌讚的原因正在祂藉著自己的血贖回上帝的百姓。啓示錄一章 5 節更清楚闡述，羔羊所流的寶血，乃是爲救信徒脫離罪惡，正如七章 14 節所描述（參約一 29；彼前一 19）[64]。

基督的角色隨著信息的需要而改變。在第五章中首先呈現的，是那代表著有征服能力的獅子，但是接著呈現的，是被殺的羔羊。這被殺的羔羊和福音書中的羔羊不同[65]，只有祂（而非獅子）有著代表全能、主權、全知和上帝無所不在的屬性的「七角七眼」[66]，因此，基督角色如此轉變，正闡述一個真理：代表真正能力的表徵，不是獅子，而是被殺的羔羊。因此，約翰用羔羊來代替獅子的意象，不僅代表羔羊以死來完成救贖大功和殉道典範，如同許多學者所指出的[67]，也說明在啓示錄中，羔羊的角色被注入一個新的了解：祂因

---

64 七章 14 節所描繪的這些人可能是那些爲跟從羔羊而殉道的人，因爲白衣有時與殉道有關（參三 4～5，六 11）。但是二十四長老也穿白衣（四 4），卻沒有任何證據顯示他們是殉道者。而且，穿白衣意味著道德上潔淨，與世界分別，如同新婦的裝扮（十九 8；參十九 14）。因此，七章 14 節的這些人不都全是殉道者（Mounce, *The Book of Revelation,* p.164），因此穿白衣仍以象徵著被羔羊的死所救贖爲最合宜的解釋。

65 包衡指出，在耶穌之前的猶太教，羔羊並不曾是得勝者的象徵；見 *The Climax of Prophecy*, p.183。

66 參申命記三十三章 17 節；但以理書七章 7、20 節（有關撒但模仿羔羊，見啓十二 2，十三 1、11，十七 3）。見 Mounce, *The Book of Revelation*, p.133；Charles, *A Critical and Exegetical Commentary on the Revelation of St. John*. 2 vols. ICC, I: p.141。

67 如 Mounce, "The Christology of the Apocalypse," 42~51; Bauckham, *The Climax of Prophecy*, pp.210~237; Boring, "The Theology of Revelation: The Lord Our God the Almighty Reigns," : 266。

著被殺而擁有戰士和審判官的角色（徒十 39～42）[68]。因此，有別於福音書中基督集中在救贖的工作，啟示錄卻集中在審判上。所以在五章後，打開上帝七印的審判是羔羊（六 1），其中第六印中與上帝無關的人，他們所懼怕的竟是原屬柔弱的羔羊的忿怒（六 15～17）！在七印七號七碗的最高峰，扮演著爭戰、得勝的角色是羔羊（十七 14）。在新婦的婚娶後，騎著白馬、以爭戰審判的姿態出現的也是羔羊（十九 11～16）！

當世人正懼怕原本柔弱的羔羊的忿怒時（六 15～17），在第六印和第七印中，約翰把基督的另一個角色呈現給那些在大患難中被救出來、有上帝和羔羊印記的人看（七 2，十四 1），這時的羔羊不是可怕的審判官，而是受苦信徒寶貴的避難所，約翰看到在寶座上的，是「必牧養他們，領他們到生命水的泉源；神也必擦去他們一切的眼淚」的羔羊[69]。正如新約所一致呈現的基督面貌[70]。正當人間的撒但、海獸、地獸正藉著印記來排擠圍剿神的百姓，在錫安山扮演著十四萬四千人的牧者的就是羔羊（十四 1～4）。而在新天新地的最高峰，羔羊就以牧人的角色來醫治、滋潤口渴者（二十二 2、17）。因著扮演牧人的羔羊，神的兒女可以安穩地「在神寶座前，晝夜在他殿中事奉他。坐寶座的要用帳幕覆庇他

68 Collins, “Revelation, Book of” p.705.

69 這個牧羊人的身分也是舊約彌賽亞預言的應許角色之一，見以賽亞書四十章 11 節，四十九章 9 至 10 節；以西結書三十四章 23 至 25 節，三十七章 24 至 28 節。

70 參約翰福音十章 1 至 30 節，二十一章 15 至 17 節；希伯來書十三章 20 節；彼得前書二章 25 節，五章 4 節。

們。他們不再飢，不再渴；日頭和炎熱也必不傷害他們。」（七 15～16）

6.6. 聖靈與「七靈」

在本章我們已經從啟示錄中所呈現的寶座（救恩歷史的最高峰）、序、上帝的稱呼、啟示錄與約翰福音的比較，從中歸納出啟示錄中的上帝、基督，特別是三位一體的神觀，在結束本章之前，我們將探討約翰如何呈現聖靈的身分與工作。

啟示錄中多次提到靈（一 10，四 2，十七 3，二十一 10），這 4 次「靈」的出現，開啟了啟示錄 4 大異象（見第一章〈全書結構和著作目的〉），表示聖靈也參與啟示的工作，正如同保羅的啟示論（提後三 16）。但是對於聖靈的本質，啟示錄用「七靈」來表達（一 4，三 1，四 5，五 6）。對於「七靈」的解釋，只有少數學者才認為七靈乃指著七個天使而言[71]。傳統上，從猶太教和初代教父起，一直到近代學者如布瑟、白克偉、布魯斯、史維特、麥子格、史莫利、塔爾波特、包衡及奧斯邦，都支持《七十士譯本》對以賽亞書十一章 2 至 3 節的解法，強調耶西之根、大衛的後裔（彌賽亞）將有「七靈」，而這七靈是「耶和華的靈，有智慧和聰明的靈，有謀略和能力的靈，知識和敬畏耶和華的靈」，就是聖靈七個特

---

71 如 Charles、Mounce、Walvoord 和 Aune。見 Aune, *Revelation 1~5*, pp.33~35。「寶座前的七靈」的 4 種解釋見 Osborne, *Revelation*, pp.74~75。

徵，因此「七靈」是完整的代表著「聖靈」[72]。從整卷啟示錄看，將「七靈」解釋為「聖靈」仍為最合宜。

「七靈」的出處既然是在舊約，我們就必須探討約翰如何藉著舊約來闡述聖靈。首先我們發現，在啟示錄中，聖靈被形容為「寶座前的七靈」，強調聖靈的身分與寶座前的上帝不可分離（一 4）。這和以賽亞相同，因為以賽亞書十一章 2 至 3 節中所描繪的七靈，首先敘述聖靈的身分——「耶和華的靈」，接著用 3 對名詞來形容聖靈的特徵[73]。因此，雖然是「七」靈，但實際上是「一個」聖靈和聖靈的 6 個代表屬性。此外，約翰在啟示錄的序中，將「那昔在、今在、以後永在的神」，和代表聖靈的「他寶座前的七靈」，和「那誠實作見證的、從死裏首先復活、為世上君王元首的耶穌基督」並列（一 4～5），清楚地呈現三位一體的特徵[74]，看出他在引用舊約關鍵性的經文後（賽十一 2～3；亞三 9，四 10）[75]，給予以色列人獨一神論（申六 4）更合宜的解釋，從而闡述了新約的三位一體真神的奧祕。這種手法，和保羅在哥林多

72 Beale, *The Book of Revelation*, pp.189~190。Cowley（*The Traditional Interpretation of the Apocalypse of St John in Ethiopian Orthodox Church*, p.186）認為「七」代表聖靈恩賜的完整。從啟示錄來看，數字「七」代表完全。

73 「有智慧和聰明的靈，有謀略和能力的靈，知識和敬畏耶和華的靈」。見 Motyer, *The Prophecy of Isaiah: An Introduction and Commentary*, p.122。

74 Bauckham, *The Theology of the Book of Revelation*, p.24.

75 St. Gregory of Nazianzus（*Oration XLI. On Pentecost,* pp.382~383）給以賽亞書十一章 2 節作註釋，說聖靈與聖父、聖子一樣，都具有昔在、今在、以後永在，超越時空的永恆、不變的屬性，而且，正如基督曾道成肉身，聖靈也在基督復活升天後在我們肉身中顯現。

前書八章 4 至 6 節的手法幾乎相同[76]。

在舊約中，聖靈的工作包括創造萬有、建立百姓，先知與領袖都是聖靈引導的管道[77]。在啟示錄中聖靈的工作相仿。首先，第四章中四活物和二十四長老敬拜的焦點是坐寶座那位創造者上帝，聖靈的出現「又有七盞火燈在寶座前點著；這七燈就是神的七靈」(四 5)，說明了聖靈在創造萬有的參與（創一 2）[78]。其次，當約翰和他的讀者「在耶穌的患難、國度、忍耐裏一同有分」時（一 9)，聖靈感動約翰，看見基督的顯現，並鼓勵約翰寫信給七教會，看出聖靈的工作和舊約中「建立百姓，先知與領袖都是聖靈引導的管道」相同，也和以賽亞書中所闡述聖靈的工作相同[79]。

約翰引用撒迦利亞書中「七眼、乃是耶和華的眼睛、遍察全地」(亞四 10)，用以形容聖靈「七眼、就是上帝的七靈、奉差遣往普天下去的」，也說明了聖靈無所不知（「遍體都滿了眼睛」，四 6、8；羅八 27)，無所不在的屬性（代下十六 9；詩三十四 15，一三九 16；箴十五 3；來四 13）[80]。此外，

---

76 不同的地方是保羅只呈現了三位一體中的兩位：「父神」和「基督」。見 Wright, "Monotheism, Christology and Ethics: 1 Corinthians 8," pp.120~136; Rainbow, "Jewish Monotheism as the Matrix for the New Testament Christology: A Review Article," 78~91。

77 Hildebrandt, *An Old Testament Theology of the Spirit of God*, pp.104~150.

78 正如 Wenham（*Genesis 1~15*, p.17）在創世記一章 2 節的註釋中所作的正確解釋。

79 在以賽亞書中，聖靈參與了神的創造，上帝藉著祂的聖靈涉入人間歷史，引領神百姓的領袖；聖靈也是聖徒更新的管道。見吳獻章：〈以賽亞書中的聖靈〉，頁 101～130。

80 Aune, *Revelation 1~5*, pp.354~355.

從被殺的羔羊有「上帝的七靈」，並擔當「奉差遣往普天下去」的角色看（五 6），啟示錄中的聖靈還有啟示救恩的功能[81]。

但最特別的地方，是聖靈在啟示末世事件上的角色。在啟示錄 4 次引用「被聖靈感動」中，除了第一次外（一 10），其餘 3 次都與啟示末世有關，包括四章 2 節所啟示要來的七印、七號、七碗（四 1，「以後必成的事」），十七章 3 節所啟示的大淫婦／巴比倫之傾倒，和新耶路撒冷城的啟示（二十一 10）。

從七靈看啟示錄中的羔羊，更可以看出聖靈與三一神論，特別是與基督論有不可切割的關係。正如包衡正確地指出，在啟示錄中，「四」是世界的數字，好比「七」是完全的數字。4 次出現的「七靈」（一 4，三 1，四 5，五 6），和七次出現的四重式片語「各族各方各民各國」（五 9，七 9，十 11，十一 9，十三 7，十四 6，十七 15），和舊約對於「七」的用法相同（亞四章），都浮現清楚的啟示錄神學內涵：七靈與勝利的羔羊和神能力不可分的親密關係[82]。歐尼認為，將「七角」、「七眼」和「七靈」3 個意象連結，是約翰的獨特貢獻[83]。但約翰並非無中生有，他發展聖靈論的根源在舊約，約翰獨到的地方是，在聖經中只有他藉著這 3 個意象，將被殺羔羊的屬性彰顯出來：羔羊的七角（五 6），代表著基

---

81 參哥林多前書十二章 3 節。以賽亞書聖靈工作的重心在印證彌賽亞，見吳獻章著：〈以賽亞書中的聖靈〉，頁 121～130。

82 Bauckham, *The Theology of the Book of Revelation*, pp.109~115（中譯本：《啟示錄神學》，頁 148～155）。

83 參 Aune, *Revelation 1~5*, p.353。

督有完全的能力[84]；擁有「七眼」（五 6），代表著基督擁有完全的智慧[85] 和全知[86]。因此，啟示錄中的聖靈雖然不多出現，卻涵蓋舊約和新約中最重要的角色：創造、救贖、末世等的啟示。

---

84 參十二章 3 節，十三章 1、11 節，十七章 3 節；但以理書七章 7、20 節，八章 5 節；《以諾一書》90.37。見 Aune, *Revelation 1~5*, p.353; Mounce, *The Book of Revelation*, p.133。

85 這「七角、七眼」就是「神的七靈」（五 6），而七靈的本質是智慧，見以賽亞書十一章 2 節。參 Mounce, *The Book of Revelation*, p.133。

86 見俄巴底亞書四章 10 節。參 Aune, *Revelation 1~5*, p.353。

第七章

啟示錄的釋經問題

20 世紀的讀者往往帶著理性和科學主義的眼光來讀創世記，卻忘了摩西寫五經時，原是為了三千多年前的以色列民所寫的，他們沒有天文望遠鏡，只知道有太陽、月亮兩個大光（創一 16），而不知星外有星。這不表示聖經有錯誤，只是我們需要了解聖經的特色[1]。原來，聖經本是作者受上帝的靈感動，用人類的語言來表達的啟示作品，因此讀聖經的人必須了解其「調節適應原理」及其文化和歷史背景。也就是說，我們必須用摩西的眼光來讀五經，而非用現代的眼光，這正是改教運動（特別是加爾文）以來，所倡導的歷史文法解經原則[2]。

同樣的，我們也必須按「調節適應原理」下的歷史文法解經原則來讀啟示錄[3]。啟示錄從一開始的主要目標，就不是為現代人對星際大戰好奇的眼神寫的，書中並沒有第 1 世紀人們所不懂的坦克車、飛機、核子彈頭、蘇聯、歐洲共同聯盟等事或物[4]（除非第 1 世紀的政治背景剛好與主再來前的政治局勢相仿），約翰是針對第 1 世紀受羅馬逼迫的教會而寫啟示錄。因此，讀五經時必須戴上摩西的眼鏡；而讀啟示

---

1 見 Ramm, *Protestant Biblical Interpretation*, pp.209~214；中譯本，詹正義譯：《基督教釋經學》，頁 193～197。

2 見 Ramm, *Protestant Biblical Interpretation*, pp.93~163（中譯本：《基督教釋經學》，頁 87～148）。

3 Fee & Stuart, *How to Read the Bible for All Its Worth: A Guide for Understanding the Bible*, pp.209~211；中譯本，魏啟源、饒孝榛譯：《讀經的藝術》，頁 295～296，提到太多人讀啟示文學時，忽略了歷史因素。

4 周兆真著：〈千禧年解釋——回顧與再思〉，221。華人圈內用世界事件來解釋（乃至強解）啟示錄的書一直很多，如黃丹尼著：《末世大災難》。

錄時則必須用約翰的眼光[5]！有了這個極重要的前提，能幫助我們了解並評估啟示錄中的不同末世論（特別是未來派中的古典時代派。見 5.3.「千禧年前派」）。

7.1. 不同末世論

讀啟示錄時，應該留意不要先戴上各派末世論的眼鏡；相反的，應先了解全卷書的內容、架構、文學特色等所呈現的神學主題，來評估各派的末世論讀法。首先我們必須知道，各派別的神學架構都有其優缺點及支持的學者；然而，衡量這些看法是否正確，應從經文本身著手。教會歷史上總共有 4 種末世論的解經法[6]。

7.1.1. 歷史派（Historicist）

這派學者認為啟示錄是記載著從第 1 世紀開始，直到羔羊第二次再來之間的（歐洲）重大歷史。這讀法的前提是：假設啟示錄是完全照歷史的次序來記錄（柯拉克、艾略特），

---

5 試圖藉異象的經歷來強調自己特殊經歷的人，如 Joyner, *The Final Quest*（中譯本：《末日決戰》），除了有高舉自己與使徒地位同等之嫌外（雖然如 John Bunyan 的 *The Pilgrim's Progress*〔中譯本：《天路歷程》〕般，有激勵信徒警醒、事奉、等候神的培靈價值），還有誤導人從聖經約翰的眼光轉移到他本人來讀啟示錄的詬病。這些經典外的「異象」和 *Bible Code*（中譯本：《聖經密碼》）類似，不具任何權威，因為聖經的啟示已經完全了、封閉了（二十二 18～19）。

6 這 4 學派的扼要解釋，見 Tenney, *Interpreting Revelation*, pp.135~146。

前面幾章（二、三、六章）是早期教會時代，改教運動記載在啟示錄十三章附近（獸代表施行逼迫的天主教教皇；但在不同時代卻有不同的人物曾被指為「獸」的代表，如穆罕默德、拿破崙、希特勒，甚至馬丁路德），而最後的十八、十九章描繪基督再來前的末世，其中大淫婦曾被指為教皇，而巴比倫被毀滅代表教皇權威的沒落。這個解法廣被更正教採用，甚至被當作是更正教的看法。

另外，韓滴生則認為啟示錄重複記載人間歷史 7 次（recapitulationist），其中第一循環為啟示錄二章 1 節至三章 22 節的七教會；第二循環為四章 1 節至七章 17 節的七印；第三循環為八章 1 節至十一章 19 節的七號；第四循環為十二章 1 節至十四章 20 節的七表物；第五循環為十五章 1 節至十六章 21 節的七碗；第六循環為十七章 1 節至十九章 21 節的大巴比倫；第七循環為二十章 1 節至二十二章 5 節的千禧年與新天新地[7]，每一段落均以基督再來的審判為結束。

這個學派的缺點是，他們認定教會歷史中的事件，與第 1 世紀約翰的讀者和歐洲以外的讀者大多無關；再者，其解經系統忽略經文啟示文學的特徵；此外，歷史性讀法很難擺脫解經者的主觀，因此極其分歧，一人一套，眾說紛紜。支持這觀點的學者有：費奧尼的約雅斤、路德、加爾文、威克理夫、宣信、戈登、馬太亨利、柯拉克等（無千禧年派、後千禧年派、前千禧年災後派等較多）。

---

7 Hendriksen, *More Than Conquerors*, pp.16~23.

7.1.2. 靈意派（Spiritualist）或理想派（Idealist）

他們認為啟示錄並沒預言那一段特定時期，只不過是象徵各世代信徒所經歷神與惡者的衝突：十三章中的獸代表逼迫信徒的人間政權；新耶路撒冷代表忠誠信徒同享永福；福音帶來世界大同就是千禧年的含意。以靈意解經法為主軸的中古世紀，理想派是啟示錄讀經主流。韓滴生雖然認為，啟示錄乃按著耶穌兩次降臨之間的人間歷史，以重複七次的方式來描繪，但因為本書有太多的象徵數字（如「七」），因此啟示錄所描繪的七印、七號、七碗等災，不過是世人的行為與上帝審判的表徵，不該與人間歷史事件畫上等號。這個解法的優點在於避開用歷史事件讀入經文，免得強解或誤解啟示錄啟示文學的特徵，但也忽略了歷代事件背後其象徵善惡之爭的真實感。它的優點正是它的危機：容易像猶太米大示解經式般，意圖從經文的靈意，去鑑定發生在各世代逼迫信徒的事件。支持這觀點的學者有：卡爾金斯、卡林頓、米利根、克度爾、韓滴生、魏克思、米尼爾、弗蘭莎、罕姆斯塔及一些無千禧年派學者[8]。

7.1.3. 當時派或已過派（Preterist）

他們認為啟示錄所記載的，絕大部分應驗在約翰的時代，正如約翰（可能）視他的時代（特別是耶路撒冷城毀滅與羅馬的敗落）為末世。啟示錄十三章 1 至 8 節的獸代表逼迫基督徒的羅馬帝國，假先知則是羅馬皇帝所拜的異教。啟示錄是信徒在第 1 世紀惡劣時代的指南，它鼓勵信徒目前的

---

8 Pate, ed. *Four Views on the Book of Revelation*, pp.93~131.

困難不過是短暫，仍掌權的上帝很快會涉入人間，保衛受屈的信徒。他們認為啟示錄的信息僅是為了安慰約翰時代受苦的信徒，不含先知預言的成分。華人教會熟悉的巴克萊，和大部分自由派學者如查理斯、陶瑞、麥克斯和甘崔等，大多持這個神學立場[9]。

最近且最具代表性的已過派（或稱「當時派」）華人學者，非台灣聖經學者陳嘉式莫屬。他主張啟示錄乃為第 1 世紀受猶太教、政府和社會團體的威脅和侵襲下的七教會，能免於妥協、墮落而寫的[10]。他認為十三章的海獸和地獸分別是羅馬和小亞細亞的政客，不能作買賣的人就是那些拒絕向羅馬皇帝下拜者（亦即拒絕接受獸印記者）（十三 16～17），而十四萬四千人可能是愛色尼人或殉道的神職人員[11]。約翰勸第 1 世紀信徒要至死忠心，乃至禁欲（如愛色尼人般）[12]。陳嘉式獨到之處不僅在對三一神觀有精辟的洞見[13]，更顯明他將經文處境化的能耐[14]。但是他已過派的解經系統有兩層困

---

9 Pate, ed. *Four Views on the Book of Revelation*, pp.35~92.

10 陳嘉式著：《啟示錄——其歷史、文學與神學》，頁 171～198。

11 陳嘉式著：《啟示錄——其歷史、文學與神學》，頁 193、221。

12 陳嘉式著：《啟示錄——其歷史、文學與神學》，頁 327～332。

13 陳嘉式著：《啟示錄——其歷史、文學與神學》，頁 289～313。

14 譬如，在處理第五印時，陳嘉式認為約翰乃藉著象徵語法來描繪祭壇底下被殺靈魂的冤聲（六 9～10），其目的在發洩、紓解信徒受逼迫時可能有的報復心理，免得他們以惡報惡，自己成為暴力的加害者，因為「被欺壓者可能成為統治者、侵略者」（《啟示錄——其歷史、文學與神學》，頁 348～352）。如此深沉的牧者心聲，非常能應用於任何時代（包括台灣二二八事件）的受害者。

難：第一，不能完全用第 1 世紀的歷史來解釋所有的經文[15]；第二，不能避免地需要配合（理想派的）象徵解來解釋這卷充滿末世預言的經典[16]。其實，啟示錄充斥著象徵語言，它不僅僅是描繪歷史，更是一卷預言未來的書[17]。

原來，當時派的缺點，在於沒有認真考慮啟示錄的先知

---

15 陳嘉式了解歷史證據不夠充足（《啟示錄——其歷史、文學與神學》，頁 202），譬如第 1 世紀羅馬帝國的逼迫尚未全面性，因此他認為約翰是「按照他自己的想像中投射出來的教會」（同 Aune, *Revelation 1~5*, xlix）；他且將「三年半」（即 42 個月）當作公元前 169 至 166 年安提阿古四世攻陷耶路撒冷的過去事件（《啟示錄——其歷史、文學與神學》，頁 220），而非第 1 世紀的描繪。他也主張，撒但與天使長的爭戰（十二 7～9），甚至被捆綁、扔進無底坑（二十 1～3），都是古神話，沒有歷史根據，僅僅是撒但會被打敗的預表而已（《啟示錄——其歷史、文學與神學》，頁 321～322）。

16 陳嘉式將七印、七號、七碗當作上帝與撒但間的衝突、矛盾（羅馬背後是撒但），同時將十一章的兩個見證人象徵為耶穌作見證而殉道的 144,000 人（《啟示錄——其歷史、文學與神學》，頁 237；然而 144,000 人的婚姻卻是用字面解，認為他們有早期教會的禁欲痕跡，見頁 332～333）。然而最大的困境，在於他將二十章的「基督作王一千年」事件，僅僅當作是「極端壓抑性的侵略感情表現」而已（《啟示錄——其歷史、文學與神學》，頁 328）。另參 Collins, *Crisis and Catharsis*, p.160。

17 已過派容易出現的問題，就在末世論上。陳嘉式在啟示錄中極為重要的七印、七號、七碗的解經上卻「輕易處之」，只因為「必要快來」（《啟示錄——其歷史、文學與神學》，頁 355）。另外一位華人新約學者張雲開就正確地指出，啟示錄中有關於末世論的解經，無可避免需要採已過派、理想派、歷史派、未來—時代派等各派優點中的折衷，特別關於十七章「巴比倫」的解釋，我們不僅需要留心第 1 世紀在羅馬統治下的教會歷史情境（已過派），更需留心經文中的預表語言，乃末世中普世性信息的描繪（未來派）（Cheung, “The Mystery of Revelation 17:5 & 7: A Typological Entrance,” 1~20）。

性特徵（一 1、3、19，二十二 7、10、18～19）。是的，將啟示錄七個教會讀成教會歷史時期是個錯誤，但是僅將啟示錄所記載的事件看為第 1 世紀的描繪，更是一個錯誤[18]。正如歷代信徒讀這七個教會的信息都必得著幫助（因為這是主再來前信徒不可或缺的信息），讀啟示錄也幫助我們了解末世的徵兆；因為約翰乃是藉著第 1 世紀的歷史、地理背景，來闡述末世主再來前的徵兆，最好的例子就是啟示錄第十七章了。

已過派往往僅將啟示錄讀為第 1 世紀的歷史事件[19]，與將來毫無相關。他們（如自由派學者查理斯、陶瑞）認為最好的例子，就是約翰以「七頭十角獸」所描繪的「羅馬皇帝」。

從啟示錄十七章所記載的巴比倫城上下文來看，此城似

---

18 此外，帶著已過派的架構也必然會將「羅馬帝國」與「全世界」畫等號，因而無可避免會有強解經文之嫌。已過派的學者 Chilton（*The Days of Vengeance: An Exposition of the Book of Revelation*, pp.290-292）就是帶著公元 66 至 70 年聖殿被毀的眼光來解釋第七號，認為掌管歷史的神在主導整個聖殿被毀事件，好讓基督教取代猶太教，忠心地成為第 2 至 3 世紀羅馬逼迫的對象，一直到了康士坦丁大帝信主，將基督教定為整個羅馬帝國的國教，如此正應驗了第七號中「世上成了我主和我主基督的國」的預言。Chilton 這樣以羅馬為解經範疇所得的結論，與十一章 18 節所描繪（上帝「敗壞世界之人」）不合。其實，啟示錄中的巴比倫，不單單是指著羅馬帝國，更是指著末世全人類歷史邪惡的累積之總稱（Cheung, "The Mystery of Revelation 17:5 & 7: A Typological Entrance," 17~18）。

19 Gunkel（*Schöpfung und choas in Urzeit und Endzeit*, pp.230~233）視十三章的獸為羅馬帝國，十七章的淫婦為羅馬城。之後自由派的學者都是採這種歷史寓意（historical allegory）讀法的，如 Charles, *A Critical and Exegetical Commentary on the Revelation of St. John*, 1.333~368, 2.54; Bousset, *Die Offenbarung johannis*, pp.416~430。Kraft（*Die Offenbarung des Johannes*, pp.175~222）則將十三章 3 節中受傷的頭解為多米田皇帝。

乎是指著管轄地上眾王的大城——羅馬城（十七 18）[20]，因羅馬城被水圍繞，世界各國的船行經水道通到此城；而且約略推算當時在位的羅馬皇帝，從凱撒奧古斯都（路二 1）到多米田之間共有 7 個王（十七 10），而且有較小的十王想脫離羅馬的統治（十七 12）；加上羅馬帝國又以逼迫信徒聞名，正如約翰所記「我又看見那女人喝醉了聖徒的血和為耶穌作見證之人的血」（十七 6）。根據教會史學家優西比烏記載，使徒保羅、彼得等，很可能就是死在羅馬皇帝的手下；早期教父特土良說，約翰就是被多米田皇帝放逐拔摩島，在那裏寫下啟示錄的。

無可否認，約翰確實是以羅馬為背景來寫啟示錄十七章。從歷史上看，羅馬帝國雖經歷到因尼祿的暴政和死亡的混亂，但是在維斯帕先（公元 69 至 79 年）和提多（公元 79 至 81 年）的執政下，國力大振，經濟發達，四面通商，貴重貨品源源不絕地送到羅馬城[21]；此時四海歌功頌德，包括士每拿、別迦摩、以弗所等城市為皇帝建廟[22]。但是試圖將七頭（七山）讀成羅馬皇帝的人，必然不能完全自圓其說。首先，約翰說：

「……那七頭就是女人所坐的七座山，又是七位

---

20 因此，許多華人解釋敵基督時，往往以羅馬帝國或歐洲共同市場的眼光來搜尋其應驗。如丁立介著：《啟示錄之研究》，頁 361～378, 440~472；翟輔民著：《啟示錄講義》，頁 221～233, 302～324；何賡詩著：《耶穌基督的啟示》，頁 269～277。

21 Bauckham, *The Climax of Prophecy*, pp.338~383.

22 加上假先知的慫恿，造成信徒也吃祭偶像之物的妥協局面（二 14～15、20～23），見 Räisänen, "The Clash Between Christmas Styles of Life in the Book of Revelation," pp.154~161。

王；五位已經傾倒了，『一位還在』，一位還沒有來到；他來的時候，必須暫時存留。那先前有如今沒有的獸，就是第八位；他也和那七位同列，並且歸於沉淪。你所看見的那十角就是十王；他們還沒有得國，但他們一時之間要和獸同得權柄，與王一樣。他們同心合意將自己的能力、權柄給那獸。」（十七 9～13）

嚴格的說，從新約時代背景看，在位的羅馬皇帝分別是猶流·凱撒大帝、奧古斯都（公元前 27 至公元 14 年）、提庇留、加里古拉、革老丟（公元 41 至 54 年）和尼祿（公元 54 至 68 年）；此外在公元 68 至 69 短短兩年之間就換了三個皇帝：迦勒巴、奧索、威特留）、維斯帕先（公元 69 至 79 年）、提多（公元 79 至 81 年）、多米田（公元 81 至 96 年）和他雅努（公元 98 至 117 年）等。若試圖將羅馬皇帝與這七山畫上等號，必然會碰到以下的難處[23]：

1. 若從第一個皇帝算起，則在五位傾倒後，那位「還在」（十七 10）的皇帝應是尼祿，但一般公認，約翰寫啟示錄時的皇帝應該是多米田。
2. 若為了湊合多米田是「還在」的那位，其前面諸王勢必要被刪除，才能符合「五位已經傾倒了」的描述。但是如何選？為何如此選？學者各說各話！
3. 若從奧古斯都開始，則「一位還在」的是指維斯帕先，然而這樣與啟示錄的成書日期不合，況且一般公認第一

23 見 Collins, *Crisis and Catharsis: The Power of the Apocalypse*, pp.58~64。

位皇帝是凱撒大帝。

4. 若從第一位倡導皇帝崇拜的加里古拉開始算起，且跳過尼祿之後三位不重要的皇帝，則在五位已經傾倒之後，那「一位還在」是多米田，還沒有來到的是他雅努（第七位），這樣的說法有一個問題：第八位的獸，如何能與他雅努同列？

因著這許多的困難，有些學者將「七王」的解釋，轉而成為「帝國的起落」，認為這七王之前的六王分別代表已經傾倒的埃及、尼尼微、巴比倫、波斯、希臘的「五王」（但有人提議以「古巴比倫」取代「埃及」），及約翰寫作時「還在」的「王」——羅馬。這種說法似乎推翻了以尼祿復活的傳說為末世敵基督的象徵[24]，但困難仍在：敘利亞的西流基王朝，特別是但以理書曾預言，那曾大肆逼迫兩約之間的猶大人，還引發馬加比革命的安提阿古四世為何沒有列出？

因此最合適的讀法，是將此七王看成表徵，代表人間的帝國（尼布甲尼撒王所夢見的金像，頭代表巴比倫，腳代表羅馬帝國），被獸擺佈來逼迫基督的教會（正如約翰所記：「他們同心合意，將自己的能力、權柄給那獸。」，十七 13），正好符合那七頭十角的海獸（撒但的化身，十三 1）的本質[25]。

---

24 Bauckham, *The Climax of Prophecy*, pp.407~431.

25 參 Beale, *The Book of Revelation,* p.869；Mounce, *The Book of Revelation*, pp.317~318；莊遜著，聶錦勳譯：《啟示錄研經導讀》，頁 183～186。Osborne 正確地指出，十七章 8、11 節所描繪那「先前有、如今沒有、將來有」（was and is not and will come）的第八位王，正是道成肉身（was）、死並埋葬（is not），和復活（will come）的耶穌之模仿者——敵基督（十三 3、12、14）(*Revelation*,

約翰藉著七王（七頭）中第六王還在，傳達給他的讀者的，不是要去數算到底那「一位還在」的是哪一位羅馬皇帝，而是提醒他們，「一位（亦即第七位）還沒有來到」（十七10）[26]，末日已經近了（「七」在啟示錄中代表著完全的數目），信徒應該留心逃離末世那羅馬世俗化的世界觀[27]，等候主的再來！

在評估完歷史派、靈意派或理想派、當時派或已過派後，接下來我們評估的焦點會放在未來派。

7.1.4. 未來派或將來派（Futurist）

極端的將來派（及災前被提派和代表性的時代主義，湯瑪斯和華福德）將啟示錄第二、三章所描繪的七個教會當作整個教會歷史的時代，啟示錄四章 1 節後被解作所有被提後所要發生的事件，其中的第六章到第十九章，被視為但以理所描繪第七十個七裏所要發生的事。這派認為信徒被提後，七印、七號、七碗乃是降臨在不信者身上的災害，其中的七

---

pp.620~621)。

26 在分析了「七位王，五位已經傾倒了，一位還在，一位還沒有來到」的幾個可能解釋後，Osborne 同意仍以象徵解為最合適（支持的學者有 Beckwith、Caird、Beasley-Murray、Lohmeyer、Swete、Lohse、Wall、Giesen、Mounce 和 Aune）。但他同時也提醒我們，象徵解仍要建立在（羅馬）歷史背景的前提下，因為對約翰第 1 世紀讀者而言，那「一位還在」的王所指的仍是啟示錄成書時的多米田皇帝。約翰如此藉著當時情境闡述將來，給當時讀者強烈的暗示：羅馬政權不過是短暫的（七位而已），過了那第七位之後，就要進入末世所要發生的敵基督和羔羊的戰爭了（十七 11～14）(*Revelation*, pp.620~621)。

27 Bauckham, *The Climax of Prophecy*, pp.338-383, 406-407.

碗就是大災難。而啟示錄第四章後所指的「聖徒」就是指猶太人，雖然受敵基督的摧殘，但是他們將重建耶路撒冷（七1～8），重建聖殿（十一 1～3），乃至「以色列全家得救」，進入千禧年。這派認為末世耶穌降臨兩次，一次在教會被提時(四 1)，另一次在大災難之後，祂將降臨地上建立千禧年。這學派的優點是極看重經文字面的意思，著重末世應驗的日子，認為舊約的應許應該應驗，且該應驗在千禧年中得救的猶太人身上。缺點在於忽略啟示文學的象徵特性，且用人間歷史所發生的事件來解釋經文（乃至讀入經文）之嫌。支持的學者有司可福、嘉柏霖、費恩堡父子、艾恩賽、莫瑞士、賴理、華福德、伍德、滕理、潘特考、湯瑪斯和倪柝聲[28] 等。

另外，許多將來派學者（歷史未來派）都願意將約翰時代的事件，讀為將來末世的預表或前言。除了一到三章為已過歷史（第 1 世紀）和對當時教會之描繪，四到五章為天上寶座之異象外，其餘的章節一方面是針對羅馬帝國而言，一方面也是指向末世要發生的事。例如，海獸既代表羅馬帝國，又代表末世逼迫教會的敵基督。災中被提派（往往是溫和的將來派）將啟示錄四章 1 節後，讀為基督再來前的末世事件；支持的學者有：所有的千禧年前派（可能為災前、災中、災後被提）如遂特、白克偉、賴德、孟斯、詹森等以及時代派。

7.1.5. 總結與評估

綜觀這 4 個解法，從教會歷史來看，每個時代都各有所

28 倪柝聲著：《啟示錄要義》，頁 18。

依。中古世紀看重靈意性；改教運動時期則以歷史性解法為主導；19 世紀後未來派漸成主流；而自由派學者則堅持已過派解經法。

這 4 種解法都有可取之處[29]，因為（a）任何特定的預言或多或少都與羅馬帝國有關連；（b）這卷書的高峰乃是基督再來時所帶來的應驗的事；（c）這預言可以應驗到任何時代：每個時代都可能有失去起初愛心的以弗所教會，受逼迫的士每拿與非拉鐵非教會，受政教掛鉤牽扯和受淫亂拜偶像影響的別迦摩與推雅推喇教會，不知儆醒、預備主來的撒狄教會，更有受世俗影響而不冷不熱（毫無益處）的老底嘉教會。

但是沒有一派可以完全涵蓋整卷啟示錄。愈靠近啟示錄的後部分，末世的描繪愈濃厚，愈沒有牽連到羅馬帝國的衰亡。啟示錄的前部分較合當時派（已過派）的觀點，愈後面則愈適合將來派（未來派）。因此，歷史千禧年派的學者賴德在啟示錄八章 2 節起成為未來派，而時代派在啟示錄四章 1 節就已經是未來派了。讀啟示錄時，除了要了解各派末世論的優缺點外[30]，更重要的，就是不要讓各派末世論的眼光主導了該如何閱讀啟示錄。

---

29 Poythress, *The Returning King*, pp.27~37.

30 Carson 就是採用吸取各派優點的折衷方式，但是因為本書的性質和目的而傾向未來派(*An Introduction to the New Testament*, p.483)。其實，這是當今啟示錄學者（Morris、Johnson、Giesen、Mounce、Beale、Ladd、Beasley-Murray、Michaels 和 Osborne 等）的共同趨勢。見 Osborne, *Revelation*, pp.18~22。

7.2. 七教會等於七個時期？

評估不同的末世論，必須分析影響華人教會極深的古典時代派主義[31]。華人教會在解釋啟示錄時，往往疏忽了歷史文法解經原則，因此，大部分的華人註釋書，都受古典時代派主義的影響[32]，將啟示錄中的七個教會讀成七個教會時期的代表[33]：以弗所教會代表使徒時期；士每拿教會代表被羅

---

31 華人教會對於千禧年的解釋，見周兆真著：〈千禧年解釋——回顧與再思〉，209~240。黃彼得著：《認識得勝的基督：啟示錄教義釋經》，頁 762~766 列出中文啟示錄研究 72 本，其中 60 本由 40 年代至 90 年代寫成，其中大部分都是時代派論者（參楊牧谷著：《基督書簡：啟示錄與七教會書信》，頁 51）。根據滕近輝牧師言及，1949 年之前司可福函授課程在中國有一萬名學員，是時代派在中國大行其道的主因，見張永信著：《從預言看末世》，頁 17。

32 正如 Thomas 所敘述的，時代派對於七教會經文的解經，已經從先知型的觀點（學者如 Bullinger 和 Welch 主張七個教會代表著七個時期，而非存在於第 1 世紀的七個教會），轉向既是歷史也是先知型的觀點（Lange、Gaebelein、Ironside、Smith 和 Walvoord 等學者支持啟示錄二、三章既描繪第 1 世紀七教會，又預表教會歷史的七階段），到純粹歷史觀點（Thomas、Saucy、Blaising 和 Bock 等當今時代派主流學者支持這兩章的經文所描繪的，就是第 1 世紀的七教會與教會歷史七階段完全無關）。見 Thomas, *Revelation 1~7: An Exegetical Commentary*, pp.505~515。

33 譬如何賡詩著：《耶穌基督的啟示》，頁 9, 59～61；翟輔民著：《啟示錄講義》，頁 56～62；倪柝聲著：《啟示錄要義》，頁 18；陳終道著：《啟示錄的七教會》，頁 20；何慕義著：《啟示錄講經記略》，頁 20；計志文著：《啟示錄透視》，頁 79；吳華青著：《真理的奧祕》，頁 36；楊石林著：《啟示錄講解》，頁 13～18。但是賈玉銘的《拔摩異象》和其高徒徐思學著：《啟示錄釋義》，頁 28～32 卻指出這七個教會是確實存在於第 1 世紀的教會，但也可以代表歷世歷代的教會與信徒。此觀點與最現代的古典時代派學者 Thomas 相似，見 Pate, ed. *Four Views on the Book of Revelation*, p.216。

馬帝國逼迫的教會；別迦摩教會代表政教合一後、世俗化的天主教會；推雅推喇教會代表中古世紀的黑暗時代；撒狄教會代表宗教改革時代（的天主教）[34]；非拉鐵非教會代表普世宣教的教會；老底嘉教會則代表當今背道的教會，而基督很快就會在這個「不冷不熱」的世代降臨。促成這樣的解經系統的另外一個原因，就是對現代教會已進入不冷不熱的靈性光景倍感憂心，因此就認為我們現在已經到了老底嘉教會的時代[35]。

這樣的讀法有許多缺陷。首先，老底嘉教會不是惟一受世俗化侵襲的教會，其他的教會如別迦摩教會、推雅推喇教會、撒狄教會等，都在世俗化的波濤中浮沉。因此，將老底嘉教會對等於現今教會並不妥當。

其次，若硬性將現今教會讀成老底嘉教會，必然會忽略耶穌也透過對其他 6 個教會的教訓來警惕當今的教會。要知道現今教會的問題，不僅只有老底嘉教會的「不冷不熱」，也有其他諸如缺乏愛心的問題，如以弗所教會；受引誘行淫亂、拜偶像、乃至被撒但攻擊的問題，如別迦摩教會；受假先知迷惑的問題，如推雅推喇教會；也有將依靠放在世上、名存實亡的問題，如撒狄教會；更有許多教會及信徒正在受

---

34 何賡詩著：《耶穌基督的啟示》，頁 60。何賡詩將末世時代劃分為：以弗所代表使徒時代（30～100 年），士每拿代表逼迫時代（100～316 年），別迦摩代表政教連合時代（316～600 年），推雅推喇代表黑暗時代（600～1200 年），撒狄代表黑暗時代末葉（1200～1517 年），非拉鐵非代表更正時代（1517 年到主再來），老底嘉代表末後時代。對這種時代劃分讀法的簡短評估，參楊牧谷著：《基督書簡：啟示錄與七教會書信》，頁 201。

35 何賡詩著：《耶穌基督的啟示》，頁 59。

苦，極需聽主鼓勵安慰士每拿教會和非拉鐵非教會的話語！若只讀主對老底嘉教會的信息，而忽略其他 6 個教會的信息，我們豈不是也該將摩西五經、歷史書、先知書從聖經中挪去，只因爲這些書卷並不是針對現今教會而寫？

再其次，這種試圖完全以字義爲解經原則的時代派[36]，表面上看來他們雖然似乎貫徹所宣稱的完全以字義作爲解經原則，甚至將七個教會的名字以字義解開，來代表各時期的字義根基，譬如「以弗所」爲「蒙愛」(因此以弗所教會是教父時期蒙愛教會的代表);「士每拿」爲「苦難」(因此士每拿教會是君士坦丁大帝之前受逼迫教會的代表)；別迦摩是「完全出嫁」(因此別迦摩教會代表君士坦丁時代起與羅馬政教掛鉤的教會)；推雅推喇爲「長久的獻祭」(因此推雅推喇教會代表中古世紀仍在獻祭的羅馬天主教教會）等，但是骨子裏卻是自我矛盾。原來這解法將啓示錄一章 19 節約翰所說的「所看見的（基督的顯現）」和「現在的事（第 1 世紀的事）」以字義解，卻將約翰同一節中所說「將來必成的事」以靈意解，將之對等於啓示錄第二到第三章中的七個教會，並認爲這是代表基督第二次來之前末世的七個時期。難怪最近一些時代派學者已經放棄了如此不一致的解法[37]！最根本的問題是，若將這七個教會定位爲教會的七個時期，那就完全誤解了約

36 Thomas, *Revelation 1~7: An Exegetical Commentary*, pp.505~515.

37 在複雜的啓示文學作品中，以字義解和靈意解可能僅是一線之隔，甚至因而產生多重意義。難怪會有人在既不放棄七個教會代表七個教會時期的原則下，又接受這七個教會是實存於第 1 世紀時期的七個教會，因而乾脆從多重意義來看七個教會：七個教會表明歷世歷代的全體教會，並特指教會歷史中的每個信徒。如楊濬哲著：《啓示錄講義》，頁 84～88。

翰的用意了。

約翰寫信的對象，是確確實實存在於第 1 世紀小亞細亞（即現今的土耳其）的七個教會[38]。初代教父伊格那丟曾在第 2 世紀初寫信給以弗所、士每拿和非拉鐵非這 3 個教會就是明證，而且每個教會的所在地都有其地理文物特徵。譬如，別迦摩有拜撒但的廟堂（二 13）；撒狄教會座落在 3 面屏障圍繞的山上（因此說他們不知儆醒，三 2）；老底嘉城則極其富裕（在公元 60 年的地震後，不用靠羅馬政府的協助能自力重建，因此耶穌用他們的話來諷刺指責他們：「你說，我是富足，已經發了財」，三 17），有馳名的紡織工業（因此耶穌勸勉他們要「買白衣穿上，叫你赤身的羞恥不露出來。」），也是產眼藥的醫學中心（因此才有「買眼藥擦你的眼睛，使你能看見。」的勸勉），在在都反映在經文上[39]。

即使讀到老底嘉教會的「不冷不熱」時，我們也得先按歷史文法的原則來解經。原來，老底嘉本身沒有水源，只能從北邊的希拉波立城（西四 13），透過引水道把熱泉水引入城，水通過富含碳酸鈣成分的渠道下到老底嘉時，溫度變得不冷不熱，而且味道極差，喝者無不想將水吐出（三 16）；

---

38 Ramsay（*The Letters to the Seven Churches*, p.128）指出，第 1 世紀末，小亞細亞地區不同的教會組成七個教區。因此七教會代表著全體教會。另見 Yamauchi, *The Archaeology of New Testament Cities in Western Asia Minor*；Hemer, *The Letters to the Seven Churches of Asia in Their Local Setting*。約翰不按著神學或年代次序寫這 7 封信，而是按著地理次序，從以弗所開始，照著順時針方向到老底嘉結束。見張永信著：《啓示錄注釋》，頁 76～77。

39 七教會的現代考古遺跡，見 Cimok, *A Guide to the Seven Churches*；Edmonds, *Turkey's Religious Sites*；Blake & Edmonds, *Biblical Sites in Turkey*。

另外從東南邊 10 里處的歌羅西所引進的是冷水，兩個水源到達此城時，就是不冷不熱、毫無益處了（「不冷不熱」不是描繪屬靈溫度）[40]！因此，約翰告訴我們，信徒若像半溫的水含有許多雜質，或者不像冷水，無法滋潤飢渴的人，結果會像這個教會所受的責備一樣，被耶穌吐出去！若單單將這七個教會定位為七個教會時期，會完全誤解第 1 世紀時約翰藉當時的歷史文物來表達的神學信息！（難道「或冷或熱」會比「不冷不熱」更屬靈？）

7.3. 羔羊與騎白馬者

一打開七印，馬上碰到的問題是，在羔羊所揭開的第一印中，拿著弓、騎在白馬上的那位是誰？這裏有 3 個可能：

第一是「基督」，支持的理由是基督騎白馬（十九 11）、駕白雲（十四 14），以得勝的姿態出現（白色在啟示錄中是聖潔的表徵；三 21，五 5，十七 14）。這種解法始自教父愛任紐時期[41]。但此觀點的障礙在：啟示錄六章 2 節與十九章 11 至 16 節，兩處所描繪「騎白馬者」的特徵完全不同，而且上下文也不同，前者描繪末世事件被羔羊所開啟，而後者強調羔羊以騎白馬行公義審判者的姿態出現，要結束末世事件；再者，在羔羊所揭開的第一印中，如果主角就是羔羊，

---

40 Cimok, *A Guide to the Seven Churches*, pp.92~93.

41 支持的學者有 Hodges、Considine、Hailey、Peterson、Alford、Hendriksen、Bachmann 和 Ladd。Hendriksen 在 *More Than Conquerors*, pp.93~96 列出七個理由，解釋他為何支持將白馬視為得勝者基督之表徵。

豈不是有「本尊」揭開「分身」的困境？而且基督的降臨應該在七印、七號、七碗之後，而非在最開始[42]。

第二是「敵基督」，支持的學者有詹森、湯瑪斯和畢爾，理由是因為馬可福音十三章5至6節說末世的敵基督會迷惑人，加上整卷啟示錄中都談到假先知，且啟示錄十二章到十三章所描繪的，包括撒但的「得勝」（十一 7，十三 7），和撒但藉著模仿基督來迷惑人的伎倆（參林後十一 14）。他爾根將六章1至8節引用的撒迦利亞書一和六章中的4匹馬，解為但以理書二和七章中的外邦4大帝國的邪惡使者。而且從當時的歷史背景看，住在羅馬東界、隔著伯拉大河、在裏海東南方（現今的伊朗）有以白馬為標誌的帕提亞人（Parthians），擅長騎馬射箭奇襲，且曾於公元前53年和公元62年打敗羅馬軍隊，讓羅馬帝國懼怕，他們與經文所描繪「騎在馬上的拿著弓……勝了又勝」極為吻合[43]。但此觀點的障礙，是啟示錄中的撒但應該是在九章中之第五號，特別是在十二章以後，才完全浮現，前四印和前四號都沒有看到撒但的字眼；倒是若以前四印為上下文，第四印中的刀劍、饑荒、瘟疫、野獸和死亡，似乎提供了這騎白馬者是誰的線索，如以下第三個解釋。

第三種是「人間戰爭」。因為七印、七號、七碗都是先

---

42 Aune, *Revelation 6~16,* pp. 393~394.

43 Krodel, *Revelation*: *Augsburg Commentary on the New Testament*, pp.173~174; Kerkeslager, “Apollo, Greco-Roman Prophecy, and the Rider on the White Horse in Rev 6.2,” 116~121; Aune, *Revelation 6~16*, pp.891~894.

以 4 加 3 的模式出現[44]，而啟示錄六章 8 節正好是前四印的總結：「我就觀看，見有一匹灰色馬；騎在馬上的，名字叫作死，陰府也隨著他；有權柄賜給他們，可以用刀劍、饑荒、瘟疫、野獸，殺害地上四分之一的人。」其中，從第二印的紅馬（在啟示錄中，紅色代表流血。約翰的讀者都知道，光在公元 68 到 69 年間，羅馬帝國就換了 4 個皇帝）、第三印的黑馬（通貨膨脹，「一錢銀子買一升麥子、一錢銀子買三升大麥，油和酒不可糟蹋」，公元 92 年，多米田皇帝曾命令通國須毀掉一半的葡萄園）和第四印的死來看，從上下文來定位，第一印中騎白馬者代表人間得勝、使人彼此相殺的軍權（在啟示錄中，白色也代表征服或蒙耶穌保守的義）較為妥當。有白馬為標誌、善於用弓的帕提亞人，也可以是人間戰爭起伏的記號。其描繪與論到末世的馬可福音十三章雷同：末世災難的起頭必有民要攻打民、國要攻打國的徵兆（可十三 8）。因此前四印皆為人間罪惡遺毒所產生的末世災害（如戰爭、殘殺、飢荒、瘟疫、刀劍等），這是最佳解釋[45]。（另外一個可能是第三種與第二種的混合解釋，認為有撒但的介入，但卻是在上帝的允許下，參六 2、4、8，七 2，八 2～3，九 1、3、5，十一 2～3，十二 14，十三 2、5、7、14～15，十七 17 中之「賜給」、「將……給」、「得著權柄」、「只叫他們」。）[46]

---

44 Beale, *The Book of Revelation*, p.128.

45 支持以人的罪惡、貪心所帶來的戰爭和後果為詮釋的學者有 Swete、Morris、Roloff、Beasley-Murray、Metzger、Talbert、Giesen、Mounce、Aune 和 Osborne。見 Osborne, *Revelation*, p.277。

46 Mounce, *The Book of Revelation*, p.142；張永信著：《從預言看末世》，

7.4. 象徵性解經

整卷啟示錄所闡述的末世，基本上約翰是藉著啟示文學來表達，因此我們需要從啟示文學的特性來看約翰如何闡述末世論。這議題上所牽涉的，就是如何解釋啟示錄的象徵，例如十四萬四千人（七章，十四章），四十二個月即一千二百六十天，即七年之一半（十一 2～3，十二 6），城外血流 1600 Stadia（十四 20，中文聖經譯為「六百里」），聖城長寬高 12000 Stadia(二十一 16，中文聖經譯為「四千里」)[47] 等。

這些象徵的解經，一般有兩個原則。第一，「純靈意解經法」，認為表徵不是指實際的事件，僅為教導屬靈的真理；第二，「純字義解經法」，認為啟示錄中的象徵，應完全按照字面的意思來解。這是個複雜的解經系統問題。在表徵上，希臘、波斯等異教文化中，有一些和啟示錄平行之處，但是其間的神學差距極大，因此僅能供參考，不合於啟示錄的解經準則；此外，兩約之間的文獻所提供的線索，更靠近啟示錄的第 1 世紀象徵語言解法。但是，在馬加比時代後的文獻，不過是啟示文學發展史上第二階段的產物；早在古代近東先知時期之前，啟示文學已經存在[48]，特別在公元前第 8 到第

頁 123；Beale, *The Book of Revelation*, pp.375~377。Johnson 認為這騎白馬的，可以是由羅馬政府、假猶太人、假宗教人士等衝著基督徒（和一般人）而來的惡勢力（*Revelation*, p.473〔中譯本：《啟示錄研經導讀》，頁 89～90〕）。

47 《和合本》譯為四千里，但是《聖經新譯本》、《呂振中譯本》都標明原文是 12000 Stadia。

48 見奧斯邦著：《基督教釋經學手冊》，頁 315。

6 世紀，舊約經典如約珥書、以西結書、撒迦利亞書、但以理書和以賽亞書等，孕育著許多與異象息息相關的啟示文學[49]。從啟示錄的神學信息來看，那真正孕育啟示錄這卷神末世計劃的神學巨作的溫床，並不是兩約之間的文獻[50]，而是舊約的啟示文學，如詩篇、以西結書、約珥書、撒迦利亞書、但以理書和以賽亞書等[51]。

根據學者的分析[52]，象徵共有以下 6 類：(1) 外在神蹟式的象徵（五經中焚燒的荊棘、雲柱、火柱，升天）；(2)

---

49 Hanson, "Old Testament Reexamined," 463~468 指出，以賽亞書四十到六十六章有清楚的啟示文學記號。另外，Rowland, *The Open Heaven: A Study of Apocalypticism in Judaism and Early Christianity* 也指出，以西結書四十章和但以理書八至十章的文學背景，符合啟示文學的模式。

50 約翰可能會與具有強烈猶太背景（看重啟示文學）的基督徒（先知）團體相交，但是正如 Bauckham (*The Climax of Prophecy*, pp.38~91) 在研究了十四章 20 節上，六章 9 至 11 節，二十章 13 節和八章 1 節與兩約間猶太文獻的文本互涉後指出，約翰的啟示錄並沒有依賴或引用兩約間的猶太文獻，若有，也被他融合在他獨特的神學信息裏面了（特別在 pp.83~84）。

51 Fee & Stuart, *How to Read the Bible for All Its Worth: A Guide for Understanding the Bible*, p.206（中譯本：《讀經的藝術》，頁 292）。Osborne 因此認為，被擄的壓力和危急，成為發展蘊含異象和象徵的啟示文學的溫床；他更指出，啟示文學提供了猶太教與基督教之間最明顯的聯繫。見《基督教釋經學手冊》，頁 314～316。兩約之間的次經與偽經，雖然有啟示文學的特徵，但不被教會傳統認定為正典的複雜問題，見 Beckwith, *The Old Testament Canon of the New Testament Church*, pp.338~354。

52 Mickelsen, *Interpreting the Bible*, pp.266~278；Ramm, *Protestant Biblical Interpretation*, pp.235~258；Sterrett, *How to Understand Your Bible*, pp.104~105；Osborne, *The Hermeneutical Spiral*, p.228（中譯本：《基督教釋經學手冊》，頁 308）。

異象（撒迦利亞書四章中的橄欖樹；使徒行傳十章中彼得所看到的大布）；(3) 物質的表徵（血代表生命，葡萄樹與枝子代表神不斷供應的能力）；(4) 象徵性的數目（啟示錄中的七和十二）、顏色（撒迦利亞書六章和啟示錄六章中的四匹馬）、寶石（二十一章，包括新耶路撒冷的十二根基石）；(5) 象徵性的行動（以西結和約翰吃書卷）；和 (6) 象徵性的禮儀（猶太節期、割禮、聖餐）。其中啟示錄中的象徵主要以第二者的異象為主。

在解釋舊約這些啟示文學中的象徵時，基本上仍以歷史文法為原則[53]，但是當我們考慮到整卷經典的神學主題，以及聖經整個救恩歷史的架構，若不能得到恰當的解釋，就必須容許經文有預表或以象徵解釋的空間，其實這正是啟示文學的特徵[54]。從下面的分析，我們可以看出啟示錄在解經上的一大問題：不可將具有象徵語法的啟示文學用純文字作字

53 Beale 最大的問題在於過分看重啟示錄的象徵解，因而採取「非字義解」為解經原則；Koester, *Revelation and the End of All Things*, pp.194~197 也是過分看重象徵解，因而單單將「新耶路撒冷城」對等於「上帝的百姓」(people of God)和神的同在(presence of God)，而忽略了「地方」（place of God）。反之，試圖完全以「字義」解啟示錄者(如：Walvoord)，最大的問題在於忽略了啟示錄中許多經文的象徵文體，往往不能用純「字義」解釋一切的（特別是這些經文與其所引用的舊約經文的文體，有顯著的不同，如出埃及記的十災和七號、七碗）。見 Beale, *The Book of Revelation*, pp.50~55。

54 Fee & Stuart, *How to Read the Bible for All Its Worth: A Guide for Understanding the Bible*, p.210（中譯本：《讀經的藝術》，頁 296～297）指出，約翰在啟示錄有 7 個清楚解釋的意象：像人子的基督（一 17～18）、七個金燈臺等於七間教會、七星等於七間教會使者（一 20）、猶大支派的獅子等於羔羊（五 5～6）、龍等於撒但（十二 9）、七頭等於淫婦所坐的七座山（十七 9）、大淫婦等於大城（十七 18），這些都成為解釋其他意象的鑰匙。

面解[55]。

7.4.1. 十四萬四千人

當我們讀到，站立在錫安山的以色列人十二支派，共有十四萬四千人時（七章，十四章），第一個反應當然正如傳統的時代派一樣，先假定他們為（1）純以色列人[56]；或是（2）殉道人數（但是啟示錄七章 1 至 8 節的重點不是殉道，而在強調被保守、免去羔羊忿怒的「十二支派」）。我們又發現和歷代志上一樣，在這十四萬四千人中，猶大支派排在第一位，先於老大流便支派，正如老雅各在創世記四十九章的彌賽亞預言（創四十九 10）；其中的但支派消失了，被瑪拿西取代（這可能與士師記末期的淫亂有關，參士十九～二十一章）。這些線索指出被保護的十四萬四千人與彌賽亞有直接的關聯。

此外，啟示錄第七章所描繪的兩批人中的第一批（七 1～8 中的十四萬四千人），以猶大支派為首；第二批中穿白衣的人（七 9～17），羔羊是他們的標識（七 9、14），不免叫人聯想到寶座前的敬拜焦點是：猶大支派中的獅子和被殺

---

55 Bauckham, *The Theology of the Revelation*，指出了一個問題：「啟示錄中的形像被人過度地按字面去解釋。」（p.93；中譯本：《啟示錄神學》，頁 123）。另見 Osborne, *Revelation*, pp.15~18。

56 Thomas, *Revelation 1~7*, pp.473~478。但是羅馬時代，巴勒斯坦以外的猶太人就有三百萬。Zahn 提出，約翰寫啟示錄時，猶太信徒人數約有十四萬四千人（參徒二十一 20）。見 Aune, *Revelation 6~16*, p.441。啟示錄七章 4 節的（「我聽見」）和七章 9 節的（「我觀看」）兩處皆為完成式，因此試圖將第一批人當作是地上的以色列民（現在），而第二批為天上信徒（將來）的看法，並不妥當。

過的羔羊（五 5～6），因此第七章的兩批人應該與救恩有關，是歷世歷代的彌賽亞群體[57]。此外，上下文又有象徵解的線索（七 1 的「四角」、「四方」代表著世界性；參九 13，二十 8。舊約的用法如：賽十一 12；耶四十九 36；結七 2；亞六 5；但七 2，八 8，十一 44；《巴錄二書》6.4~5）[58]。加上約翰巧妙地引用舊約的經文，撒迦利亞書六章 5 節「天的四風」、六章 2 至 3 節的「四馬」，即啓示錄七章 1 節「四方的風」、六章 1 至 8 節的「四馬」，也提供了象徵解線索[59]。

因此，這十二支派所指著的，和第二批穿白衣的人（就是啓示錄十四章 1 至 5 節中跟從羔羊、沒有瑕疵的十四萬四千人），都是指同一批人[60]：他們都是歷代所有忠心順服的信徒[61]，受神印的數目是 12×12×1000[62]，正表示救恩的完整

---

57 Bauckham, *The Climax of Prophecy*, pp.215~216; Beale, *The Book of Revelation*, pp.424~426.

58 Bauckham, *The Climax of Prophecy*, p.31。愛任紐的《反駁異端》3.11.8 也提及「我們身處的世界有四個地帶……也有四大風……教會則分布於世界各地……教會擁有四個柱石」。見黃錫木編著：《四福音與經外平行經文合參》，頁 456。

59 支持這樣象徵解的學者有 Farrer、Caird、Morris、Beasley-Murray、Johnson、Beale 和 Osborne。見 Osborne, *Revelation*, p.305。

60 大部分的學者，如 Beckwith、Lohse、Ladd、Harrington 和 Giblin 等，都支持這個看法。見 Aune, *Revelation 6~16*, pp.440~448。

61 Caird、Harrington 和 Bauckham 主張七章 9 至 17 節所涵蓋的全是殉道者，但是從整段該採象徵性解來看，應該涵蓋所有的聖徒。見 Beale, *The Book of Revelation*, pp.416~423；Aune, *Revelation 6~16*, pp.440~445；Osborne, *Revelation*, p.303。

62 12 在啓示錄中，是上帝百姓的數字，1000 代表著極大數目。見 Bauckham, *The Climax of Prophecy*, p.36。

性，如同啟示錄十四章 1 節一樣。啟示錄七章 1 至 8 節所描繪的重點是[63]，當地上各個階層的人都陷入第六印的災害時，神的百姓卻得以躲避羔羊的忿怒（六 16～17 對比於七 9、14～17）。而在啟示錄七章 9 至 17 節中，約翰則強調這些從各國各族各方各民召聚而來歷世歷代的真以色列民，得以昂首得勝並站立在寶座前，被羔羊牧養、引領並安慰[64]。他們就是那些被保守在上帝殿中的人（十一 1～2），也是在撒但追殺下，在曠野找到避難所的婦人（十二 6、14）[65]。

7.4.2. 兩個見證人

先看重歷史文法解經，再謹慎接受象徵解的原則，也可以應用於啟示錄十一章中「兩個見證人」的身分。約翰形容這兩位見證人是「兩棵橄欖樹，兩個燈臺」（十一 4），很容易被認出是撒迦利亞書中的應驗——大祭司約書亞和省長所羅巴伯（亞三 1，四 3～5、8～9、12～14；該一 1）。但是約翰又說「二人有權柄，在他們傳道的日子叫天閉塞不下雨；又有權柄叫水變為血，並且能隨時隨意用各樣的災殃攻擊世界」（十一 6），又似乎是指著摩西和以利亞（出七 20；申三十四 10；瑪四 5；王上十七 1；王下一 10、12）。若照文字的表面解，容易將這兩個見證人指為兩個特定的人物。

---

63 Osborne, *Revelation*, p.303 認為七章 1 至 8 節描繪上帝在傾下七印審判之前的聖徒受上帝保守的印記，而七章 9 至 17 節則描繪六章 11 節事件後歷世歷代聖徒的敬拜。兩大段彰顯上帝的保守和信徒的讚美兩個層面。

64 Lewis, *3 Crucial Questions about the Last Days*, p.123.

65 Aune, *Revelation 6~16*, p.598.

第一個可能就是死前有神奇特徵的摩西和以利亞（申三十四 5～6；猶 9；王下二 11），或是沒有經歷死亡的舊約傳奇人物以諾和以利亞（十一 12），他們都有約翰所說兩個見證人死前的神奇現象。

但是兩組人物不可能同時滿足字面上的要求（不可能又是摩西和以利亞，又是以諾和以利亞），而且啟示錄上下文又有以象徵解釋的痕跡。第一，兩個見證人被獸殺死時，「他們的屍首就倒在大城（羅馬）裏的街上；這城按著**靈意**叫所多瑪，又叫埃及，就是他們的主釘十字架之處（耶路撒冷）」（十一 8）。共有 4 個地方是他們殉道之處：羅馬、所多瑪、埃及、耶路撒冷，才兩個人卻有 4 個葬身之處，很明顯的有太多不合歷史文法解經的原則。第二，約翰寫啟示錄時，聖殿早已在公元 70 年被毀，而他描繪約櫃出現在「天上的殿」（十一 19，十五 5），因此耶路撒冷和聖殿所代表的（十一 1～2、8），應該不是從舊約（特別是猶太教）來看，而是指有彌賽亞團體祭司身分而言（一 6、20，三 12，五 10，六 9，七 15），神會保守祂的歷世歷代子民，直到兩個見證人完成他們的見證（十一 1～6）。而這兩個見證人最合理的解釋，也是歷世歷代以來，在「世界」（十一 4、7；可能是任何地方[66]）中因傳道、見證而受逼迫、殉道的集體代表[67]，而從對比看出，地獸和地上假先知有關，專司殺害屬神百姓（十一 7）[68]：

66 Beale, *The Book of Revelation*, pp.590~593.

67 Aune, *Revelation 6~16,* pp.598~603; Bauckham, *The Climax of Prophecy*, pp.273~282.

68 參周兆真著：〈偉大的老師：啟示錄作者的特性〉，51。

兩個見證人	地獸
先知（十一 10）	假先知（十六 13，十九 20，二十 10）
兩個燈臺、兩棵橄欖樹（十一 4）	頭上有兩角，說話像巨龍（十三 11）
行大奇事叫天閉塞，叫水變為血（十一 6）	得海獸權柄，能行大奇事（十三 13）
有火從他們口中出來，燒滅仇敵（十一 5）	能叫火從天降下（十三 13）
叫地上的人受苦（十一 10）	迷惑地上的人（十三 14）
神吹生氣而得生，駕著雲升天（十一 11～12）	作獸像、並吹生氣、能說話（十三 15）

約翰並指出，這些在世界中見證主的殉道者，雖然會被殺，而且屍首不許被放在墳墓裏，但為期僅有三天半（十一 9、11），而非撒但逼迫信徒的三年半（十一 2、3，十二 6、14，十三 5）[69]。信徒雖然會遇見因為惡者的攻擊而來的苦難，但是這苦難不過是短暫而有限的，這是整卷啟示錄一貫的信息：士每拿要忍耐十日（二 10）；被殺的靈魂要安息片時（六 11）；當惡人踐踏聖城四十二個月，上帝卻以相同時間（一千二百六十日）保守他們（十一 2～3，十二 6），但是惡者的同黨在一天之內、一時之間，和巴比倫一同滅亡（十八 8、17、19）！

69 兩者都是啟示錄完全數目「七」（七天或七年）的一半。詳見 7.4.3.「三年半與七十個七」。

這兩位見證人在受短暫的苦楚與嘲弄後，會像以諾、以利亞一樣的升天，公義的神會施行審判，使得地大震動、城倒塌了十分之一（十一 9～13；提醒讀者，猶大亡國時僅有十分之一的餘民親眼看見被擄之災，見賽六 13），因地震而死的約有七千人（提醒讀者，以利亞時代未曾向巴力屈膝的七千人，看到上帝審判北國的嚴厲）[70]。這是在提醒神的百姓，要盡力在世人面前見證，雖然事奉神的過程必有十字架的苦楚，但是因著信徒忠心見證而受苦，乃至受死，別人會成為「餘民」而蒙恩（參西一 24）[71]。

當然，以象徵法來解釋「兩個見證人」時[72]，不要斷然否定約翰所描繪的這兩個見證人也可能是末世真要顯現的兩個人物[73]。關鍵的問題在於十一章 11 至 12 節的解釋。正

---

70 Beale, *The Book of Revelation*, p.595, 606；Giblin("Revelation 11.1~13: Its Form, Function and Contextual Integration," 433~459）正確地指出，十分之一和七千人都與舊約中上帝審判中被存留的餘民有關（王上十九 18；賽六 13；摩五 3）。

71 Bauckham（*The Climax of Prophecy*, p.283）指出，因為餘民受審判，其餘的（οἱ λοιποί）十分之九被存留而歸向神。

72 Beale（*The Book of Revelation*, pp.574~575）主張這兩個見證人象徵教會，因為（1）兩個燈臺（十一 4）等於兩個教會（一 20）；（2）獸勝過「他們，即新約的以色列，即教會」（十一 7；但七 21）；（3）第 1 世紀世界上的確到處都有十一章 9 至 10 節所描繪的見證人；（4）若在「神的殿」中禮拜的人（十一 1～2）所指著的是「教會」，且 1260 天（十一 3）就是「四十二個月」（十一 1～2），則十一章 3 至 12 節的兩個見證人就是象徵著「教會」（參六 9，十二 11、17，十九 10，二十 4）。

73 Ladd（*A Commentary on the Revelation of John*, p.154）就採取折衷解法：兩個見證人代表教會，但也是末世要顯明的兩個人。

如奧斯邦正確地指出[74]，十一章 11 至 12 節所描繪的兩個見證人復活、升天，應該不是指著教會「復活」，因為新約清楚指出教會是在基督再次降臨時才「復活」(十九 11～12，二十 4；可十三 24～27；帖前四 16～17)，十一章 11 至 12 節只不過是末世教會真正「被提」的預演。但是因為十一章 13 節所發生的情境與十六章 18 至 19 節（第七碗）極其雷同，且事件發生地點都是「大城」羅馬（十一 8、13，十六 19）[75]，因此約翰在十一章 3 至 13 節所提供的年表: 兩個見證人的事奉、受死、復活升天、地震、地上十分之一的人悔改[76]，應該和哈米吉多頓的爭戰同時（第六碗，十六 12～14。詳見 7.6.「從看七印、七號、七碗看『耶和華的日子』」。因此這兩個見證人可能會是末世要出現像摩西和以利亞般的歷史性人物[77]。

---

74 Osborne, *Revelation*, pp.432~433.

75 Osborne（*Revelation*, p.433）主張第七碗中地震後裂為 3 段的「大城」（十六 19），是耶路撒冷、羅馬和敵基督之城的混合。

76 許多學者(Hendriksen、Kiddle、Mounce、Beale、Giesen 和 Schnabel）從十災後埃及長老和尼布甲尼撒王七年「吃草如牛」後的反應（但四章）主張，「恐懼、歸榮耀給神」並不等於悔改。但更多的學者（Swete、Beckwith、Charles、Lohse、Caird、Beasley-Murray、Sweet、Giblin、Fiorenza、Chilton、Krodel、Roloff、Thomas 和 Aune）則從啟示錄（十四 6～7，十五 4，十六 9，十九 5）的闡述中，強調這七千人是確實悔改的。從整卷啟示錄看，上帝降下七印、七號、七碗的目的之一，乃為給予列國悔改的機會（十四 6～7 闡述上帝藉著審判逼著世人「表態」：選擇敬拜上帝、領受救恩，或選擇跟從獸、接受審判），但是並不意味著末世所有的人都會歸向神——所謂的普救論，事實上人心剛硬本質不變（九 20～21，十六 11）。見 Osborne, *Revelation*, pp.434~435, 537。

77 Osborne, *Revelation*, p.418。Ladd（*A Commentary on the Revelation of John*, p.154）認為這兩個見證人可以象徵性涵蓋歷世歷代忠心的見證人，也可以遙指末世要出現的兩個特別人物。

7.4.3. 三年半與七十個七

了解「兩個見證人」的身分後，就可以來探討棘手的問題了，那就是約翰如何用但以理的「七十個七」（但九 24~27）和「一千二百六十日」（或三年半，或四十二個月，十一 2、3，十二 6、14，十三 5）。要了解但以理書，就必須事先了解啟示錄中第一次出現四十二個月的經文出處（十一 1~2），和聖經神學中巴比倫的意義，再回到但以理書九章的「七十個七」和「受膏者」。

首先，學者對於十一章 1 至 2 節的看法（譬如「已過派」[78]，「理想派」[79] 或「時代派」[80] 和「折衷未來派」[81]）很分歧，也很難確定哪一種解釋為最適合，需要從十一章 1

---

78 Chilton 和 Roloff 認為十一章 1 至 2 節描述著第 1 世紀時耶路撒冷被毀和教會受保護（「殿」乃指著希律王所修的聖殿，而殿外的院子乃為外邦人的院）；Swete 則認為這兩節經文描繪猶太會堂和教會（十四萬四千人）的衝突，院內是受保護的教會，院外為被審判的不信的猶太人。

79 Caird 和 Beale 認為此段經文描繪教會被世界所抵擋，其中屬於上帝的教會用殿內為表徵，被外邦逼迫的教會用「殿外的院子」為表徵。但也有學者（如：Charles、Kiddle 和 Hendriksen）主張「殿外的院子」代表著背叛的教會，卻扮演逼迫神兒女的角色。

80 Walvoord、Seiss 和 Thomas 主張這段經文發生在三年半的「大災難期」，那時歸順基督的猶太信徒（七 1~8 中的十四萬四千人）被敵基督的跟從者所逼迫。

81 Mounce 和 Michaels 認為這段經文所描繪的，乃最後三年半的大災難中，會得到屬靈保護的團體可能是教會；Ladd 認為這或指教會、猶太信徒中的餘民（*A Commentary on Revelation of John*, pp.152~153）。Aune（*Revelation 6~16*, p.598）則認為「殿內」是被上帝保護的餘民，但仍需在肉身上度過末後的三年半大逼迫。以上 4 種觀點的爭議，見 Osborne, *Revelation*, pp.408~416。

至 13 節和十二、十三章關於描繪四十二個月的經文來確定(見下文)。但是能確定的是,從七印、七號都有插曲(七 1～17,十 1～十一 14)的整體性看,十一章 1 至 2 節的「量聖殿」,正好與七章 1 至 8 節中的「印」平行[82],都描繪在七印、七號的災害中上帝必保守祂的百姓[83]。

接著我們將焦點轉到整本聖經如何看巴比倫。從創世記來看,巴別塔是人間墮落的最高峰(「巴別」的希伯來文就是「巴比倫」)[84]:

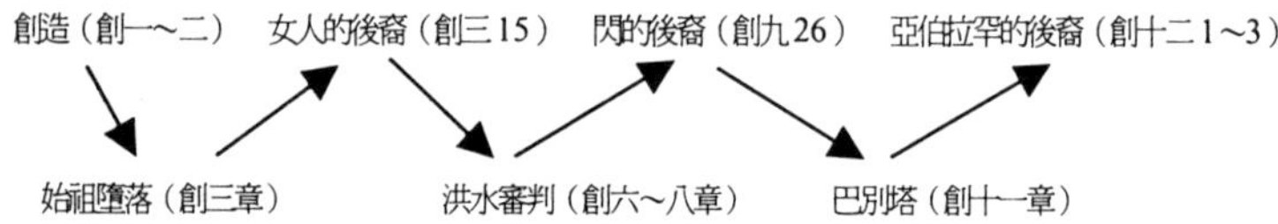

從以色列的歷史來看,北國被亞述擄走(王下十七章);南國則一共被巴比倫帝國擄掠 3 次,第一次所擄走的包括先知但以理,但以理就是在巴比倫替尼布甲尼撒王解夢。從尼布甲尼撒王所夢的金像和但以理所解的夢來看,巴比倫是人類帝國的頭,這可以從但以理全書的架構,和全書上半部、用亞蘭文所寫的交錯配列結構中(第二部分則是用希伯來文寫的),對稱的第二章和第七章看出[85]:

---

82 Court, *Myth and History in the Book of Revelation*, pp.82~83.

83 從舊約(結四十～四十二章,亞二 1～5)「量聖殿」和新約(二十一 15～21)「天使量新耶路撒冷」看,十一章 1 至 2 節的「量」代表「保守」(Osborne, *Revelation*, pp.410~411)。

84 Kaiser Jr. *Toward an Old Testament Theology*, pp.71~83;中譯本:華德凱瑟著,廖元威等譯:《舊約神學探討》,頁 95～111;參吳獻章著:《跨世紀的英雄》,頁 158～160。

85 吳獻章著:《舊約英雄本色》,頁 196～198。

前言（但一章）：一 2、9、17「神將……交付」（上帝是歷史的主宰；History is *His* story）

I　神對外邦的計劃（亞蘭文寫）——列國興亡史（但二～七章）

二章尼布甲尼撒王夢人帝國之大像——不敵神國（但二 44）

三章尼布甲尼撒王以金像逼迫但以理三友——神子救拔祂子民（但三 25）

四章赫赫尼布甲尼撒王吃草如牛——至高者在人的國中掌權（但四 25、32）

五章高傲伯沙撒王駕崩前的狂筵——至高者在人的國中掌權（但五 30）

六章大利烏王的疼愛也免不了但以理下獅子坑——神救拔祂子民（但六 22）

七章但以理夜夢海中上來四巨獸——神子得永恆權柄（但七 13～14）

II　神對神國的計劃（希伯來文寫）——神國常存史（但八～十二章）。內含第九章的七十個七。

但以理書第二章	人間帝國	但以理書第七章
精金頭（但二 32）	巴比倫（亡於公元前 539 年）	獅子與鷹翅膀（但七 4）
銀胸膛膀臂（但二 32）	瑪代——波斯（亡於公元前 332	熊（但七 5）

	年；但八 20）	
銅肚腹腰（但二 32）	希臘（亡於公元前 63 年；但八 21）	豹及四頭、翅膀（但七 6）
半鐵半泥腳（但二 33）	羅馬（人間權力高潮）	十角獸與小角（但七 7～8）
石頭（但二 34）	神國毀滅人國	人子（但七 13；太二十六 64）

從聖經的救恩歷史角度看，創世記一至十一章是以巴別塔——人間的墮落為最高峰（而且，帶進彌賽亞國度的信心之父亞伯拉罕，就是在這墮落的巴別塔後蒙召）；但以理書則描繪人間帝國的最高峰——巴比倫，且闡述毀滅人間帝國（以巴比倫為頭）的正是人子。啟示錄中所描繪的人間災害最高潮（第七碗，十七～十八章），不折不扣就是巴比倫的傾倒和之後人子（萬王之王）的顯現（十九章）。

了解了創世記、但以理書和啟示錄有關於巴比倫和人子的闡述後，再回來解但以理書九章中的七十個七和「受膏者」。首先，試圖以非基督論來解但以理書九章 24 至 26 節的「受膏者」的身分的[86]，不論是古列[87]、撒迦利亞時代的

---

86 Payne, *The Theology of the Old Testament* 清楚指出，但以理書九章 24 至 27 節包含了祭司身分的彌賽亞所做的工作。

87 誠然，以賽亞書四十五章 1 節預言，他將於公元前 538 年下詔讓被擄巴比倫者得歸回（參但九 1）。但是以賽亞書中的古列不過是耶和華藉以使被擄歸回者應驗的器皿（和預表）而已，那真能使被擄者完全歸回的，是以賽亞書中 4 個僕人之歌中的高潮——受苦的僕人。從新約看，就正是福音書所闡述，亞伯拉罕的後裔、大衛的子孫耶穌。

所羅巴伯或約書亞[88] 或奧尼亞三世[89]，都當被排除。

教會在解此段經文時，也是以歷史文法開始，耶柔米、奧古斯丁、馬丁路德、加爾文等，皆以字面解法且按連續性，來解 7 個七、62 個七與最後之七，此解法試圖將 70 個七完全成就在公元第 1 世紀。如此解法將使經文失去末世信息，因那「行毀壞可憎者」應該是在末世出現（但九 27），而不該是第 1 世紀的事！

20 世紀許多研究但以理書的學者，了解 70 個七的末世性，因此雖然照字面解，但是認為 62 個七、7 個七、和最後的七這 3 個階段中有間隔（但九 24～27），容許 62 個七與最

---

88 誠然，所羅巴伯與大衛後裔有關（該二 21～23；亞四 6～10；《便西拉智訓》49.11），約書亞在撒迦利亞時代被膏為大祭司（亞三 1，六 11），但是他們也不過是將來要賜下更榮耀的聖殿（該二 9；約二 19～21），及堅固大衛的寶座（該二 23；亞三 8，六 11～13；路一 32～33）的預表而已。

89 他在公元前 171 年在安提阿被解除大祭司職務並被殺。雖然，從歷史年代發展看，這個說法似乎與馬加比革命吻合，因為耶利米 70 年歸回預言開始算起（耶二十五 11；公元前 605 年），經過了 7 個七（49 年）後，古列王興起（公元前 556 年），再經過 62 個七（434 年）後，正好是奧尼亞三世被殺之年（公元前 171 年），加上安提阿古四世的敘利亞軍隊在公元前 167 年擄掠聖殿（參但九 27），直到公元前 164 年馬加比革命成功（見《馬加比一書》、《馬加比二書》；Bright, *A History of Israel*, p.407）。這說法吸引了很多學者（特別是自由派學者）將奧尼亞三世對等於但以理書九章 24 至 26 節的「受膏者」，但這種看法有基本上前提的錯誤（將但以理書作者當作馬加比時代的人，也因此否定上帝可以藉著公元前第 6 世紀的先知但以理來預言末世），和實質上的落差（安提阿古四世污穢聖殿時間僅僅 3 年，而非三年半。見 Hartman and Di Lella, *The Book of Daniel,* p.25。且開啟亂端的不是安提阿古四世，而是心儀大希臘文化的猶太人。《馬加比一書》、《馬加比二書》並沒有把他描繪成猶太仇敵，在巴比倫他也沒有壓制猶太人的信仰，見 Tarn, *Hellenistic Civilization*, p.214）。

後之七間有間隔，這間隔就是教會時期。這前面的 69 個七（總計 483 年）共有 3 種計算法：(1) 從公元前 536 年第一次被擄歸回起，到基督降生；(2) 從公元前 457 年的第二次歸回開始算起，到耶穌受洗（公元 26 年）；(3) 從第三次歸回的公元前 445 年開始算起，到耶穌騎驢駒進入耶路撒冷為止。這 3 種解法（特別是第三種算法）除了彼此間為了複雜的曆法都有爭議外[90]，另一個懸而未決的問題是——起點為何是如此？這些學者之間並沒有共識[91]。

因此，無千禧年派學者如楊以德認為，前 69 個「七」是從古列元年開始，到基督開始傳道止。最後一個「七」的前三年半是指基督開始傳道到受難，其後半則指基督受死後到末世的結局。如此算法即容許象徵性解法，不完全照字面（七十個七看作 490 年）來解[92]。也有些學者（如滕理、凱瑟）了解本段經文具有末世性特徵，就接受歷史文法的解經架構，而提出 70 個七中，最後一個七有「重複應驗」的可能[93]。

---

90 見 Archer, *Daniel*, pp.114~116。

91 Goldingay, *Daniel,* p.257 指出，但以理的七十個七所表示的不是時間的先後次序（chronology），而是時間的長短（chronography）。

92 最後的一個七的應驗，經文也有難處。如 Bruce, "Prophetic Interpretation in the Septuagint," p.545 所說，「但以理書九章 29 節下半段的希臘文遣詞變得相當含糊，在這七之末獻祭和澆殿的事被奪去，在殿中會有毀壞可憎的事，直到末了（συντέλεια），而且毀壞之事會有一個末了（συντέλεια）——可是它的主旨似乎在說，儘管上帝末世心意很確定，但其時間無法確定。」Poythress, "Hermeneutical Factors in Determining the Beginning of the Seventy Weeks (Dan 9.25)," 143 也指出，但以理異象的解釋，最大的問題是異象本身根本沒有提供單位。

93 最近華人用多重應驗解法來處理但以理書九章，見張永信著：《但以理書注釋》；宣教士舊約學者畢維廉著，沈其光譯：《但以理書

本書並不打算在此解決這個問題，僅是藉此說明，純字面解經必然會有遇到困難的時候，因此就得謹慎地考慮象徵語法的可能。

若想完全用字面解，將約翰的三年半視為大災難期，會有 4 個極難克服的障礙。第一，將十二章 5 節讀為基督復活升天，但是十二章 6 節卻完全推到末世，忽視上下文的完整性；第二，將記錄約翰吃書卷的第十章當作第 1 世紀的事件，但第十一章卻推到末世的災難期才發生的事件，中間的間隔沒有解經的控制與準則。第三與第四，兩個見證人和殉道處的定位（見 7.4.2.「兩個見證人」)。因此，約翰所記的三年半（一千二百六十天，十二～十三章），比較合適的解法，可能不是完全用字面來解，而應該用象徵手法來解。約翰旨在闡述，基督第一次降臨（十二 5）與末世基督再臨之間，撒但會掌控、慫恿假先知，並且迷惑世人，但這段時間不是永恆的，只不過是七的一半（七為完整的表徵）[94]，神的忿怒、審判很快就要完全臨到撒但（見 7.6.「從七印、七號、七碗看『耶和華的日子』」)；因此，為傳道而受逼迫的信徒，可以用信心與耐心來等待神公義審判的彰顯。

講解——從福音角度看但以理書》，頁 199，註 248。

94 Caird、Hughes 和 Beale 將 1260 天象徵性地解釋為代表著耶穌兩次降臨中間的教會時期。Osborne（*Revelation*, p.414）主張，三年半代表著一個有限且有上帝掌管的時期（太二十四 22），並指出發生在敘利亞王安提阿古伊皮法尼將豬當作祭物獻於聖殿的事（公元前 167～164 年），和公元 70 年聖殿被毀時的事件（太二十四 15；可十三 14），都是但以理書上所預言（但七 25，九 27，十二 7、11～12）末世要發生的「聖城被踐踏」的預演，那時敵基督要世上每個人都敬拜牠（十三 8、14～15）。見 7.6.「從七印、七號、七碗看『耶和華的日子』」。

7.4.4. 十二章的「婦人」

此外，這種解經原則也可以用來鑑定「身披日頭，腳踏月亮，頭戴十二星的冠冕」的婦人。首先，有些學者強調兩約間的文獻對約翰影響過於舊約[95]，認為這段經文受希臘阿波羅的誕生神話影響；但舊約的經文對約翰的影響（所謂的文本互涉）其實更明顯，因為伊甸園中福音的雛形（創三 15，「我又要叫你和女人彼此為仇；你的後裔和女人的後裔也彼此為仇。女人的後裔要傷你的頭；你要傷他的腳跟」），和其他舊約經文（賽二十六 17～18，六十六 7～13；彌四 10～12），是啟示錄描繪懷孕婦人為公義與邪惡對抗的代表更合適的來源。

這懷孕婦人是誰呢？從「婦人生了一個男孩子，是將來要用鐵杖轄管萬國的；他的孩子被提到神寶座那裏去了」從這節經文大致來看（十二 5），會以為這個婦人是指生了耶穌的馬利亞。但從婦人被龍追殺，逃到曠野來看（十二 6、13～16），這個認定並不合適[96]。接著，從約瑟夢見日頭、月亮、星星下拜來看（十二 1；創三十七 9），下一個可能的解答是代表十二支派的以色列。然而以色列不是在彌賽亞降生、復活、升天之後才受苦（十二 6），而是在那之前很早就開始受苦（南北國相繼被擄）。另一個對懷孕婦人的解答則是教會，正如約翰所說：「那守神誡命、為耶穌作見證的」（十二 17）。但是，新約的真理是基督誕生教會，而非教會生了

---

95 如 Collins, "The Apocalypse," p.1008。

96 連天主教學者 Harrington, *Revelation*, pp.129~131，都將之解為基督教會，而非按字面作個人解。

基督。因此最好的解釋是，應該避免刻意區分以色列和教會，而將這個懷孕的婦人當作從舊約到新約的彌賽亞團體。

7.4.5. 新耶路撒冷

歷史文法的解經原則是，首先用純字面的原則來解經，但是當遇見象徵語法時，就得容許象徵解法的可能，這有啟示錄內在經文的印證。約翰在啟示錄雖然用了許多舊約的經文，但其重心不是要處理末世的猶太人是否得救的問題（保羅的羅馬書九至十一章會是更貼切的經文）。約翰要處理的是，受逼迫的上帝子民如何因著明白誰掌管歷史，而充滿信心過得勝的生活。因此，約翰的對象極廣，包括舊約中盼望彌賽亞的人，也包括被羔羊的血遮蓋的新約信徒。

因此，當我們讀到新耶路撒冷從天而降，在十二個門上，有代表舊約的以色列十二支派的名字，城牆根基上有新約十二使徒的名字，這些象徵用法的含意是，能同羔羊站在錫安山的十四萬四千人，正如同能進新耶路撒冷的人一樣，都是歷世歷代的信徒[97]！這不僅提醒新約的外邦信徒要謙卑、感恩，我們本是不被記念、卻被插入的野橄欖樹枝（弗二 11；羅十一 17）；也提醒猶太信徒要寬廣，因為他們蒙恩的原因，是藉著被殺的羔羊，而不是因為他們是猶太人（羅二章）。

用同樣的解經原則來看啟示錄十四章 14 至 20 節，這段經文用天使般的說話與行動的暗喻，代表基督末世的審判。

---

97 Aune 認為二十四長老象徵著以色列十二支派和十二使徒所組成的上帝的新百姓（*Revelation 1–5*, pp.287–292, 314）。

當神的百姓被聚集、收割後天使將快鐮刀扔在地上，收取地上的葡萄，丟在神忿怒的大酒醡中[98]。酒醡收割後，血流 600 里，計 184 英哩，約為巴勒斯坦全長（從敘利亞到埃及邊界）。原文為 1600 stadia，象徵四方的地（4 乘以 4；七 1），與滿足數目 100 的乘積（五 11）[99]。約翰無非在說明，上帝在末世將聚集祂的百姓（十四 14～16），審判拒絕祂憐恤的人（十四 17～20），這個審判是徹底的，是普世性的，沒有人能倖免。

同樣的，在新耶路撒冷的尺寸上，我們讀到這個被神保守（量度表示祝福的保證）的新城，是個完美的城（四千里相等於 12000〔12×1000〕stadia，是羅馬帝國的寬度。城牆厚 144〔12×12〕肘。會幕與聖殿的至聖所，尺寸各為 10×10×10 肘與 20×20×20 肘），約翰的目的大概不在描繪這城的真正大小，而是藉著象徵語法[100]，形容這是個完美之城，也是榮耀之城（十二種珠寶是大祭司胸牌的裝飾，見出二十八 17～20；結二十八 13）。而且城中生命水邊有生命樹的果

---

98 Beale, *The Book of Revelation*, pp.776.

99 Roloff, *The Revelation of John,* pp.179~180；Beale, *The Book of Revelation*, p.782；Osborne 認為 4 x 4 x 10 x 10 代表著全世界（*Revelation*, p.556）。

100 支持的學者有很多，如 Mounce、Beasley-Murray、Johnson 和 Kiddle 等。約翰引用第四僕人之歌後（賽五十三章）所要建立的錫安城的榮耀表徵中珠寶的描繪（賽五十四 11～12），來闡述新耶路撒冷（二十一 18～20），而且，正像以賽亞稱呼錫安為耶和華的妻（賽五十四 1、4、6），約翰也用新耶路撒冷為新婦與羔羊婚筵的場所（二十一 9）。見本書作者吳獻章的博士論文：*A Literary Study of Isaiah 63~65 and Its Echo in Revelation 17~22*, pp.266~270。Whybray（*Isaiah 40~66*, p.188）認為約翰選擇以賽亞書五十四章 11 至 12 節用於新耶路撒冷的裝飾，就是為了將錫安打扮成榮耀的女人。

子每月都結果子，共結十二樣果子（二十二 2）。約翰藉這象徵語法說明，被逐出伊甸園的人類，因著基督的救贖[101]，終於可以在這完美的城中，完全得醫治、救贖，得以和創造與救贖的神，永遠相交、團契[102]！

現代的讀者須留心不要用現代眼光來讀啟示錄，也不要過度以靈意來解經。例如，啟示錄二十一章 19 至 20 節所記載新城中的十二種珠寶，我們從舊約僅知這是大祭司胸牌的裝飾。若過度以象徵解，像早期教父將這十二珠寶當作是十二使徒或十二支派，甚至如斐羅或約瑟夫將這些一一對等於十二宮，都是太牽強、主觀的靈意解法。啟示錄中的符號所代表的象徵，乃為幫助我們了解神如何在末世有原則地結束歷史，而非詳細到一一記錄祂將如何達到祂的計劃，所以更不該用現代眼光來讀這些啟示[103]。聖經作者並不是要我們單

---

101 約翰藉著舊約的經文，將基督在十字架上的工作（Christ-Event）融入啟示錄中。見本書作者吳獻章的博士論文：*A Literary Study of Isaiah 63~65 and Its Echo in Revelation 17~22*, p.260。Beale 也正確地指出，「對於約翰而言，基督在十字架上的工作是了解舊約的關鍵。但反過來從舊約的處境進行反思的話，也可引導我們進一步理解基督在十字架上的工作，而且可以提供一些有關救贖歷史的背景，幫助我們加深理解啟示文學的異象。」（*The Use of Daniel in Jewish Apocalyptic Literature and in the Revelation of St. John*, p.333）

102 新耶路撒冷不單單是個地方（Place），也不單單是人的集合（People），更是人與神相交會之處（Divine Presence）。新耶路撒冷是舊約伊甸園、聖殿、聖城、聖民和神同在的集合體。見 Bauckham, *The Theology of the Revelation,* pp.132~143（中譯本：《啟示錄神學》，頁 179～194）。

103 Fee & Stuart, *How to Read the Bible for All Its Worth: A Guide for Understanding the Bible*, p.206（中譯本：《讀經的藝術》，頁 292）提醒讀者，「啟示文學是在迫害或大逼迫的時期中產生。因此，它主要關心的不再是神在歷史之中的作為。啟示者作的作者只盼望神

單定睛在末世的事件，而是要我們定睛在主宰末世的神[104]。

7.5. 從讀先知書的方式來讀啓示錄

從文體看，啟示錄是啟示、預言和書信形式的組合[105]。約翰不是單單在等候末世，他對現世也很關心（因此，他在看見人子耶穌後，首先寫信給他所關心的 7 個小亞細亞的教會，第一個教會還是他曾經牧養過的以弗所教會）[106]。啟示錄開宗明義地說明，現世乃是聖靈的世代（一 10～11；參徒二章），也因此本書將啟示形式與先知觀點結合在一起（一 3，十九 10，二十二 18～19）[107]。這種將現在與未來混合的觀點，正如舊約

將要激烈、徹底地結束歷史的時候——這種結束意味著正義獲勝，邪惡受到最後的審判。」

104 Osborne, *The Hermeneutical Spiral*, pp.227~228（中譯本：《基督教釋經學手冊》，頁 308）強調，象徵語法真正的意思是要從該象徵古代背景的用法中去尋找。其目的「是要轉移讀者對實際事件的注意，而去思考其神學意義。換言之，它們要讀者看出神的手掌管未來，並不是要讀者知道事件的確實次序；亦即，這些作品並不是在描述真正會發生甚麼事。總之，聖經並不是現今事件的藍圖，而是神學的指標，告訴我們大體而言神會如何結束世界。」

105 Beale, *The Book of Revelation*, p.37；Fee & Stuart, *How to Read the Bible for All Its Worth: A Guide for Understanding the Bible*, pp.206~209（中譯本：《讀經的藝術》，頁 291～294）。Harrington 指出：「啟示錄是『文本互涉』之作——書中經常互涉著引用其他文本，屬於混合的文體。」（*Revelation*, p.6）。

106 Kümmel, *Introduction to the New Testament* 強調：「採用先知啟示文學的表達手法，真正的目的不是要說明末世事情的發展過程，而是要找出這些事情對於正在受苦的教會本身到底有何意義。」（p.466）

107 難怪 Beckwith 在他的 *The Old Testament Canon of the New Testament*

先知的觀點一般。被神靈感動的先知，一邊因著末世彌賽亞國度的光照下，指責、勸勉、安慰他／她的會眾歸向神；在對當時世代失望後，先知更是一邊藉著所傳的道，將會眾的盼望放在那要來的彌賽亞，這正好也是約翰寫啟示錄的動機[108]。因此，如何讀先知書，也能幫助我們如何讀啟示錄，特別是其中的末世論。

讀第六印時，讀者當然會思考這種全世界的平衡系統、能源系統通通瓦解的景況（六 12～14），將會在何時發生？這種試圖建立時間表的意圖，在讀到第七印時又再次浮現，因為當羔羊揭開七印時，和前六印不同的是，約翰並沒有敘述第七印的內容，經文中「天上寂靜約有二刻」（八 1）[109]，並沒有平息讀者對建立末世時間表的好奇心。讀完詳細記錄了災害的前六號後，好奇的讀者盼望第七號能詳細描繪「成了我主和主基督的國」的內容（十一 15～19），卻馬上被天上的異象打斷（十二章），如同讀完第六印後被打斷一樣（七章），因此，啟示錄的爭議讀法紛紛湧出。

Church 如此定義：「啟示文學跟先知文學相類似，而只集中於先知宣講的方面：它揭示奧祕，將上帝向某位蒙恩的聖徒或者先知所揭示的奧祕展示出來——不管這是關乎於上帝對未來的旨意，還是關乎於自然的構造，還是關乎於一個肉眼所看不見的世界；啟示的模式有時候是高度象徵性的，有時候卻又會比較字面性的，甚至會異常詳細。」（p.345）

108 不同的，只是先知所看到的末世，包括彌賽亞兩次的降臨；但約翰是在基督第一次降臨後，於盼望第二次降臨的光照下寫成啟示錄。

109 Aune（*Revelation 6~16*, pp.507~508）所列的五種解釋，傾向於將「寂靜」視為神榮耀的同在與顯現。Beale（*The Book of Revelation*, pp.445~448）主張「寂靜」代表著要來的最後審判。Mounce（*The Book of Revelation*, p.170）和 Collins（*The Apocalypse*, 54）認為這兩刻鐘的寂靜預備了聽了第七章讚美詩的人，領受七號所要帶來的衝擊。

誠然，讀啟示錄時有一個關鍵的問題，就是「末世」（特別是七印）是何時發生？從整個新約來看有三種可能性。第一種可能是，全都發生在第 1 世紀。從路加福音二十一章 20 至 26 節來看，路加對耶穌在橄欖山上講道的記載，似乎是指公元 70 年耶路撒冷城被提多將軍攻破一事（這和猶太歷史學家約瑟夫所記錄的吻合）。第二種可能是，發生在耶穌第二次來之前。根據福音書的記載，末世先有全宇宙性的大徵兆（太二十四 29；可十三 24～25；路二十一 25～26），然後人子榮耀降臨（太二十四 29；可十三 26；路二十一 27）。第三種可能是，從耶穌復活升天後到祂再來之前這一整個人類的歷史。

在了解末世徵兆，例如七印的災害時，我們首先需要在態度上特別留意耶穌的提醒。當耶穌從聖殿出來，告訴門徒將來聖殿沒有一塊石頭不被拆毀，上了橄欖山後，門徒開始問末世的徵兆（可十三 1～4），祂提醒門徒時候近了（可十三 29），但是要謹慎（可十三 5、7～9、11、13、21、23、33、35、37），不要隨意去猜測「那時辰」是在哪時，只要繼續不斷的儆醒、預備、等候（可十三 32～37）。

但耶穌也同時為我們提供一些了解末世徵兆的線索。福音書中這些徵兆和啟示錄七印中的徵兆，就成為幫助我們了解末世何時發生的重要指標。從末世這 3 種可能發生的時間來看，前兩種試圖將末世時間讀為一個確定的時候（第一種為公元 70 年；第二種為主再來前）。但從耶穌在橄欖山上的預言來看，末世的發生可能以第三種為最合適——耶穌兩次降臨之間，包括耶路撒冷被圍困（路十九 43～44，二十一 20～24；太二十四 15～21；可十三 14～20）的整段人類歷史景況（太二十四 4～14、22～28；路二十一 8～19；可十三 6～13、21～23），和基督第二次降臨時的描繪（太二十四 29～31；路二十四 25～28；可十三 24～27）。而且，不少福音書學者傾向於，將對公元 70 年耶路撒冷傾覆的描繪，當作主第二次來前的表徵。因此，我們得用讀先知書的眼光來讀福音書中有關末世的預言。

對於啟示錄中七印、七號、七碗的預言，我們更須帶著先知的眼光來讀，因為約翰在他的啟示錄中的序和跋都清楚表明了這本書的特色（一 3，二十二 7、10、18～19）。了解這些才能幫助我們明白複雜的七印、七號、七碗的關係。啟示錄學者對於七印、七號、七碗的解經有下列分歧的看法：

1. 象徵性（蘭之）：不是連續性的，每個「七」有單獨的屬靈意義[110]。這個看法最大的困難是，有太多太大無從印證的想像空間[111]。
2. 連續性（查理斯）：3 次七是連續發生的[112]。張永信正確地駁斥[113] 查理斯複雜的底版說理論[114]，並將整本啟示錄

---

110 Farrer, *A Rebirth of Images: The Making of St. John's Apocalypse.*

111 Guthrie 如此評估：「難怪法拉可以把啟示錄的各種複雜事物通通套進他的體制中了——專心尋求象徵的人總是按著自己的決定來作選取。」（*New Testament Introduction*, p.972）。

112 Charles, *The Revelation of St. John* 說：「在異象裏，這『七』個部分中的事件是嚴格地按著時序描寫的。」（1.xxiii）

113 張永信著：《啟示錄注釋》，頁 41～44, 49～50, 121。Aune（*Revelation 1~5*, cx~cxxiv）對 Charles 的立場有完整的介紹。Charles（*A Critical and Exegetical Commentary on the Revelation of St. John*, 1.lvi）認為一章 8 節是後人所附加的，但若從整體性看，Charles 對啟示錄全書合一性的挑戰不攻自破，因為一章 8 節是約翰在整卷啟示錄對基督論的闡述中極為重要的經文，見 Bauckham, *The Theology of the Book*

按照四處「被聖靈感動」的連貫合一性（一 10，四 2，十七 3，二十一 10；參 1.1.「結構大綱和內容簡述」），以及畢察和凱瑟所提「耶和華的日子」為集合性的應驗原則[115]，將七印、七號、七碗看為連續性發生（異於查理斯的完全連續性線性時間表）。

3. 重述要點性（或：再現性）[116]：畢斯理．慕瑞不僅將啟示錄六章 12 至 17 節、十一章 18 節、十四章 14 至 20 節、十六章 17 至 21 節、十七至十九章等經文，視為預測末世的審判，甚至認為這些就是末世審判的真實寫照。因為啟示錄六章 17 節，十一章 18 節，十四章 10 節，十六章 19 節和十九章 15 節都描繪神和羔羊的忿怒，且其上下文都有寶座或祭壇（七，十～十一章，十六 17）。畢爾將啟示錄第六章 1 節到二十章 15 節當作 6 次重述要點，這 6 次循環分別是：六章 1 節至八章 5 節，八章 6 節至十一章 19 節，十二章 1 節至十五章 4 節，十五章 5 節至十六章 21 節，十七章 1 節至十九章 21 節和二十章 1 至 15 節。他認為約翰在第六印記載第一次的大審判，描繪

---

of Revelation, pp.54~58（中譯本，《啟示錄神學》，頁 74～79）。見 6.1.4.「從啟示錄中上帝的稱呼看『上帝』與『基督』」。

114 Charles 認為約翰只寫到啟示錄二十章 3 節就死了，餘下的章節由他的學生編輯完成，其中有許多邏輯性的衝突，包括二至三章是經編輯後才加在第四章之前的。

115 張永信著：《從預言看末世》，頁 41～48。

116 支持的學者有第 3 世紀的 Victorinus of Pettau、奧古斯丁、Morris、Tenny、Kiddle、Beasley-Murray、Beale 和 Hendriksen 等。Bowman 認為本書是由七幕所組成，加上幕與幕間信息為支撐（"stage props"）之戲劇（drama）（"The Revelation of John: Its Dramatic Structure and Message," 436~453）。

大審判的第七印結束後，約翰回到教會歷史的開頭，重新在七號中描繪，直到末世的高潮——第七號（十一 15～19），再回到教會歷史的起頭（十二 1～十五 4），如此 6 次，最後才進入永恆的新天新地[117]。畢爾學說的基本弱點在於忽略了七印、七號、七碗殺傷力的程度（從四分之一、三分之一至全部）和災害內容的不同。（畢爾論點的評估，另見 5.4.「總結」。）

4. 漸進集中性（穆）或強化性[118]：

a. 每次的內容為前個七之第七的內容（司谷奇、白克偉、葛拉森、華福德、何士馬、詹森）[119]

1 2 3 4 5 6 7（七印）
1 2 3 4 5 6 7（七號）
1 2 3 4 5 6 7（七碗）

b. 每次愈靠近末期（甘德瑞）[120]

1 2 3 4 5 6 7（七印）
1 2 3 4 5 6 7（七號）
1234567（七碗）

c. 每次都在前次之第六後，且 3 次七同時結束（賴德、孟

---

117 見 Beale, *The Book of Revelation,* pp.121~151。

118 Beale, *The Book of Revelation*, pp.117~119.

119 Beckwith, *Apocalypse*, pp.549, 606~611; Glasson, *Revelation*, p.12; Walvoord, *The Revelation of Jesus Christ*, pp.150~151, 184; Hoeksema, *Behold, He Cometh*, pp.287~288; Johnson, *Revelation*, pp.466~467, 491.

120 Gundry, *The Church and the Tribulation*, p.75

斯、湯瑪斯雷同）[121]

1 2 3 4 5 6 7（七印）

1 2 3 4 5 6 7（七號）

1234567（七碗）

前六號發生在第六印之後，前六碗發生在第六號之後，第七碗、第七印和第七號同時結束。更準確的說，第七印代表所有七號和七碗所發生的一切，而第七號代表七碗所發生的一切。

從第五號成就了第一災(九 1～12)，第六號為第二災(九 13，十一 14)，第七號吹響後（十一 15），約翰表明神施行審判的時候到了（十四 7），從接下來的七碗是末了的災來看（十五 1），七印、七號、七碗的關係，可能以漸進集中性或強化性的看法最合適（六 17，十一 15），但每個七的每個所有內容，可能不完全是照著時代的方式進行（見 7.6.「從七印、七號、七碗看『耶和華的日子』」）。

了解這七印、七號、七碗的複雜關係後，讀啟示錄時，就當留意不要單單將焦點放在建立末世的時間表上，要留意約翰一開始就表明這卷啟示錄帶有先知預言的特性（一 3）。他不僅記載現在的事，也記載將來的事（一 19），因此，我們怎麼讀先知書，也該怎麼讀啟示錄。新約中的末世論和先知書一樣，都有「已然」（already）和「未然」（not yet）的張力，啟示文學中現今與末世往往交織、重疊，因此在解釋末世應驗的

121 Ladd, *A Commentary on Revelation of John*, p.122; Mounce, *The Book of Revelation,* pp.46~47; Thomas, "The Structure of Apocalypse: Recapitulation or Progression?" 45~65.

時間表時，讀者必須留心，避免武斷性的宣告[122]！

其實，如同先知書一樣，啟示錄信息的內容本身往往比時間架構（timetable）更重要[123]。例如，

1. 當我們讀完第六印時（六 15～17），不要單單問：第七印在何時出現？它與七號有何關係？讀者更要留意的是，約翰在第六印與第七印中間，插入第七章中的十四萬四千人，這裏要表達的神學主題是：當世上的君王、臣宰等都不能躲避上帝與羔羊的忿怒時，那有羔羊印記的十四萬四千人，卻有完全的避難所！
2. 七印所帶來的迫害性，僅有地上的四分之一（六 8），而七號的審判卻有三分之一（八 7～12，九 15、18），到了七碗，就完全沒有保留了（十六章）。原來，在公義的神行完全的審判前，約翰不忘描繪神憐恤慈愛的本性！可惜的是，人只知道向山與巖石喊叫說：「倒在我們身上吧！把我們藏起來，躲避坐寶座者的面目和羔羊的忿怒。」（六 16）卻不知要悔改（九 20～21，十六 11）！人心真是剛硬啊！
3. 從第七印開始，就看出誰才是那位掌管歷史的主宰。七

---

122 Lambrecht 在他對研究啟示錄的結構後，認為「重述要點性」和「漸進集中性」是最佳模式，但也指出「連續性」讀法有其必要性（"A Structuration of Rev 4.1~22.5" pp.77~104）。

123 Mounce 接受漸進集中性的原則，但強調啟示錄更該留心其文學性（literary）的發展（*The Book of Revelation*, p.168）。Caird 正確地指出，全書的合一架構不屬歷代式（chronological），不屬算術性（arithmetical），而是藝術性的（artistic），正像音樂主題隨著樂曲的進行而有變奏一般。每個新的循環不僅重述先前的那個主題，也繼續發展那個主題。（*A Commentary on the Revelation of St. John the Divine*, p.106）。

印的開頭，是由第五章中坐寶座接受敬拜的羔羊揭開的（六 1），且七印災害的許可證其實在神的手中（「冠冕賜給他」；六 2、4、8）。在日益嚴重的災害——七號中，「蝗蟲……有能力賜給他們，好像地上蠍子的能力一樣。並且吩咐他們說，不可傷害地上的草和各樣青物，並一切樹木，惟獨要傷害額上沒有神印記的人。」（九 3～4）歷史的主宰實在是神（History is *His* story）！此外，從寶座上的羔羊開始七印的審判（父將審判的事交給子），眾聖徒的禱告開始了神在七號的審判（八 3～5），七碗的審判是從神聖殿中現出他的約櫃表明出來（十一 19），約翰在闡明，上帝因著信徒的祈禱，也因著祂與列祖所立的約，將審判的權柄全交給人子羔羊[124]。

4. 讀完第六號後，特別是當人間文化因為拒絕真神（犯了前四誡，九 20；與儒家敬鬼神而遠之的人本主義雷同），必然會導致人與人間社會結構的崩潰（犯了後六誡，九 21；沒有神的人，原來是何等的脆弱可憐！），這時最需要的，就是插在第六號與第七號之間的兩個見證人傳道，他們（十一章）蒙召、肯受裝備（如同吃書卷的約翰，十章）、盡心以祈禱傳道為職事，甚至為此而受苦、受死、經歷死裏復活（十一章）。在閱讀啟示錄時，應該求神光照我們：我願意成為這樣的人嗎？

因此在閱讀啟示錄時，除了一面了解末世時間表如何進行，激發出強烈的末世觀，使我們保持儆醒外，最要緊的是，

---

124 徐思學著：《啟示錄釋義》，頁 64。

要明白約翰如何使用他先知性啟示文學的文體[125]，及其使用的文學技巧，所闡述的神學主題（文以載道！）[126]。並留心約翰的手筆如何與先知書作者的手法一樣，運用羅馬帝國、兩約之間的文獻，再加上第 1 世紀信徒熟悉的舊約（特別是以賽亞書、以西結書、但以理書和撒迦利亞書）為背景，將當時的時代文化與末世的教訓，交替運用在他的七印、七號、七碗中。一言以蔽之，怎麼讀先知書，就該怎麼讀啟示錄[127]！

7.6. 從七印、七號、七碗看「耶和華的日子」

誠如前段所闡述，啟示錄有先知書的特質，因此讀啟示錄七印、七號、七碗的方式，與讀舊約的先知書沒有兩樣（除了留心啟示錄中充滿象徵性的啟示文學以外）。同時，我們

---

125 Collins, "Toward the Morphology of a Genre," 9 如此定義：「『啟示錄』屬於啟示文學，採用敘述性的結構，由不屬於人世間的個體發出，由人類接受。它顯明出某種超越的真相，一方面是屬於現世的——當它處理末世的救恩時，另一方面卻是屬於現世以外的（spatial）——當它涉及到另一個超自然的世界時。」對這定義的評語和補充，見 Hartman, "Survey of the Problem of Apocalyptic Genre," pp.97~99。

126 Osborne 在 *The Hermeneutical Spiral*, p.231（中譯本：《基督教釋經學手冊》，頁 313）提醒讀者，不要再犯以色列人對基督第一次降臨時離譜的錯誤，該對尚未應驗的經文（如與以色列復國有關的經文），持謙卑而非絕對真理的方式來傳講這類預言，免得若預言沒有應驗，傷了人的信心，讓教會顯得愚蠢。

127 Bauckham, *The Theology of the Book of Revelation*, p.6（中譯本：《啟示錄神學》，頁 9）正確的指出，啟示文體是約翰用為先知宣告的媒介。

解釋這些末世災害預言時，須採取 4 種解釋方法（象徵性、重述要點性、連續性和漸進集中性）它們各有優點，不要被任何一套解經系統左右對經文的理解[128]。

舊約先知書一致遙指著末世「耶和華的日子」，啟示錄中的七印、七號、七碗等末世預言的中心，其實就是舊約先知書「耶和華的日子」的應驗。本段將闡述、分析七印、七號、七碗中幾個重要議題，並藉著上面四個解釋方法的特點，來探討七印、七號、七碗之間的關係，特別著重在七印、七號、七碗是如何一同結束在「耶和華的日子」這個主題上，好迎接基督二次降臨，將敵基督、假先知扔進硫磺火湖，並捆綁撒但在無底坑中，建立千禧年國度，並之後的白色大寶座的審判。我們將探討上帝如何以線性方式結束人間歷史，帶領祂的子民進入新天新地、新耶路撒冷永恆的家鄉。

7.6.1. 第六印與「耶和華的日子」

舊約先知書一致遙指著末世「耶和華的日子」。事實上，「耶和華的日子」貫穿舊約（賽十 20、27，十一 10、11，十二 1，十三 6～16；珥一 15，二 1、11、31，三 1；番一 14～16；瑪四 1、5 等）和新約（林前一 8，五 5；腓一 6、10，二 16；帖前五 2；彼後三 10 等）。這個日子的特徵，就是上帝忿怒的日子（結七 19；番二 1～3）。從以色列歷史看，北國和南國亡國的原因，都在於惹神的忿怒（王下十七 18，二十四 20）。當然，上帝的忿怒與祂聖潔的愛和羔羊的救贖並

128因為解經方法不過是詮釋學的僕人、工具，經文才是主人，只要能讓經文的意思清楚地浮現，任何釋經工具都不該放棄。

沒有任何衝突[129]。上帝忿怒對待以色列，甚至牽引外邦王來審判並滅絕他們，原因是他們違背了與上帝愛中所立的約[130]。上帝的忿怒的矛頭所對準的，就是人的罪（林後十一 2～3）。

啟示錄中的七印、七號、七碗等末世預言的中心，就是舊約先知書「耶和華的日子」的應驗。啟示錄中上帝的「忿怒」（ὀργή）一字出現在第六印（六 16～17）、第七號（十一 18）、第七碗（十四 10，十六 1、19 節，並與第七碗有關、宣告「巴比倫傾倒」的十四章 8、10、19 節），因此，這些七印、七號、七碗的尾災，似乎都與「耶和華的日子」之應驗有關，而第六印正是整本聖經「耶和華的日子」開始要應驗的宣告（六 16～17 出現兩次「忿怒」）。而且第六印一開始（六 12），就充滿著約珥書上所描繪，末世「耶和華的日子」臨到時的特徵，「地大震動，日頭變黑像毛布，滿月變紅像血」（珥二 10、31）[131]。此外，正如奧斯邦所指出，六章 15 節和十九章 18 節兩處所描繪的人物雷同，因此，第六印與第六、七碗（第七碗一直連結到十七、十八、十九章）相關連，且都描繪「耶和華的日子」[132]。因此第六碗所預言、

129一些啟示錄學者就有這樣的誤解，如 Charles, *A Critical Commentary on the Revelation of St. John*, 1.182~183；Caird, *A Commentary on the Revelation of St. John the Divine*, p.92。

130 Staurt 列出以色列民惹神忿怒、審判，終於被擄外邦的原因，至少可分 27 類，但關鍵在於他們觸犯了摩西律法（Stuart, *Hosea-Jonah*, xxxii~xlii）。

131 第六印的最高潮「他們忿怒的大日到了，誰能站得住呢？」，就是回應約珥書二章 11 節「因為耶和華的日子大而可畏，誰能當得起呢？」，和瑪拉基書三章 2 節「他來的日子，誰能當得起呢？他顯現的時候，誰能立得住呢？」

132 Osborne, *Revelation*, pp.294~299.

宣告的「哈米吉多頓」戰爭之後，萬王之王降臨的末日審判光景（十九 15 和十四 19「踹全能神烈怒的酒醡」），已經在第六印所描繪忿怒的「耶和華的日子」的預告中開始了。

7.6.2. 七印與七號與「耶和華的日子」

前六印以四分之一相同的審判比例線性、連續地被揭開，之後，約翰敘述第六印與第七印間的插曲（第七章）[133] 和第七碗「天上的寂靜約有兩刻」[134]。七印與七碗的關係並不是如湯瑪斯所說，「第七印包含七號，第七號包含七碗」那麼單純[135]，因為如此看法沒有將「前四印、號、碗都是地上的災害，後三印、號、碗都是宇宙性的審判，且第七印、號、碗的審判都預言主再來結束人間歷史[136]，準備進入永世」的事實浮顯出來。另一方面，重述要點法者所謂「每個第六

133 Lambrecht（"The Opening of the Seals [Rev 6.1~8.6]," 208）主張第七章扮演插曲的角色，是為了回應第六印，和第五印受苦的信徒。此外，Osborne（*Revelation*, pp.301~302）還指出，這插曲除了回應第六印（「印」和「站立」）和回應第五印的呼求外，更應驗了三章10節的應許。其實每個七印、七號、七碗間都有插曲（七 1～17，十 1～十一 13，十二 1～十四 20），都為描繪這些災難中教會的地位和光景（Osborne, *Revelation*, p.270）。

134 第七印的寂靜代表著（1）上帝審判前令人不安的寂靜；（2）天上因信徒獻祭和禱告所帶來的安靜（參五 8，六 9～11，八 3～5）。見 Osborne, *Revelation*, pp.336~338。

135 Thomas, "The Structure of the Apocalypse: Recapitulation or Progression." 52~56.

136 而且每個循環都以上帝藉風暴來顯現為結尾（Davis, "The Relationship between the Seals, Trumpets, and Bowls in the Book of Revelation," 152~157）。

都提供每個循環可以被三分（4+2+1）的切分點」的主張[137]，也沒有涵蓋災難強度隨著印、號、碗而增強的事實。最重要的，是第六印、第七印、第五至七號、第六碗、第七碗通通以彰顯公義的神的忿怒——「耶和華的日子」為焦點，因此七印、七號、七碗的進行要以漸進集中式來理解為最穩妥。

7.6.3. 第五號與「耶和華的日子」

和前六印一樣，前六號也是線性連續要發生的預言，其中前四號審判的焦點在大自然，後兩號的重點則在審判那些拒絕神、卻跟從邪靈[138] 的人（約翰用 3 次「禍哉」來描繪這些人的下場，類似巴比倫傾倒時 3 次的「哀哉、哀哉」，十八 10、16、19）。但是在如此的靈界控制下，上帝的主權仍然十分明顯，因為這「星」開了無底坑的鑰匙是神給的（ἐδόθη，「被賜給」，六 2、4、8、11，七 2，八 2、3，九 1、3、5，十一 1、2，十二 14，十三 5、7、14、15，十六 8，十九 8，二十 4）。這些從無底坑冒出來的「蝗蟲」所代表的邪靈勢力（九 7～10）[139]，有特定的範圍，並不能為所欲為：

---

137 Steinmann, "The Tripartite Structure of the Sixth Seal, the Sixth Trumpet, and the Sixth Bowl of John's Apocalypse (Rev. 6:12~7:17，9:13~11:14，16:12~16)," 70~76；Beale, *The Book of Revelation*, p.128.

138 許多學者認為九章 1 節的「星」代表著邪靈勢力（Kiddle、Walvoord、Sweet、Boring 和 LaVerdiere），甚至是撒但自己（Swete、Hendriksen 和 Chilton）。因為啟示錄描繪「星」代表著天使（一 20），而下文「從天落到地上」（十二 7～9、12）和無底坑（九 2，二十 1）更能幫助我們確定「無底坑的使者」（九 11）是與撒但有關的墮落天使。

139 九章 11 節的「亞巴頓」（אֲבַדּוֹן）是希伯來文動詞 אָבַד（毀壞）的名詞。其希臘對等字為 ’Απολλύων，是動詞 ἀπόλλυμι（毀壞）

牠們不能傷害地上的植物(九 4),不能傷害有神印記的人(九 4),只能傷害沒有神印記的人(而且只能叫他們受苦 5 個月,甚至沒有權柄殺害這些人,見九 5~6)。

從七印、七號、七碗的關連性來看,第五號所描繪的這些從無底坑冒出來的「蝗蟲」,經文的原來出處,除了在出埃及記外,就是在充斥著「耶和華的日子」的約珥書[140]。約珥書(二章 31 節)不僅提供第六印「日頭要變為黑暗、月亮要變為血」那「耶和華的日子」的舊約引據(六 12,參太二十四 29;可十三 24;路二十一 25;徒二 20),也提供末世基督要「踹全能神烈怒的酒醡」的根基(十四 20,十九 15),更給我們提供第五號在七印、七號、七碗的關連性中定位的線索。所以,第五號所描繪的與第六印、第七印,第六號、第七號,第六碗、第七碗(通通是七印、七號、七碗的尾災)一致,都與「耶和華的日子」有關。因此七印、七號、七碗的進行要以漸進集中式為最穩妥。但是這幾個尾災發生的先後次序,還得從「三樣災禍」角度來探討。

的分詞,與羅馬人所拜的希臘「阿波羅」太陽神屬同一字源。約翰寫啟示錄時的羅馬皇帝多米田就宣稱自己為阿波羅神再世。但是第五號所描繪的不僅是第 1 世紀的皇帝偶像崇拜,Bauckham 相信「亞巴頓」就是「死亡的天使」(帖後二 3;出十二 23;《巴錄二書》21.23)(*The Climax of Prophecy*, p.65)。其實這字和「陰間」為同義字(Osborne, *Revelation*, pp.373~374)。約翰不僅藉著約珥書中「耶和華的日子」(和出埃及記)的蝗蟲之災來闡述第五號的可怕,更強調任何形式的偶像崇拜都是很可怕的,因為其背後都有魔鬼的勢力存在(參九 20)。

140 約珥書所預言的蝗蟲之災(一 4~7,二 1~11),被「耶和華的日子」所籠罩(珥一 15,二 1、11、31,三 14、18)。約珥書學者同意,貫穿約珥書的中心神學主題就是「耶和華的日子」(Allen, *Joel*, p.36)。

7.6.4. 三樣災禍與「耶和華的日子」

約翰敘述完第五號後（九 1～11），接著就繼續以線性方式來闡述第六號（九 13～21）。從七印、七號、七碗的相關性看，首先，第六號與第六碗都有伯拉大河[141]，而且都與靈界勢力有關（第六號的二萬萬馬軍所代表的邪靈兵力[142]為羅馬軍隊的一千倍[143]）。不同之處是第六碗的災害是百分之百，而在第六號的災害中，上帝限制此可怕的邪靈兵力僅僅殺了人的三分之一，而且傷害的對象是沒有神印記的人（七 3，九 4、20～21）[144]。因此，第五號、第六號發生的時間不能完全對等於第六碗所宣告的「哈米吉多頓」的戰爭。

---

141 伯拉大河是流出伊甸園四道河流中的一道，也是上帝給亞伯拉罕子孫地土的東界（創十五 18；書一 4）。舊約歷史中巴勒斯坦地所經歷到的可怕仇敵如亞述、巴比倫、波斯帝國，都是橫越伯拉大河來襲的。伯拉大河也是羅馬帝國的東界，過了河就是凶猛可怕、曾在公元前 53 年和公元 62 年打敗羅馬帝國的帕提亞人，他們屢屢尋求機會度過伯拉大河攻擊羅馬帝國（Osborne, *Revelation*, p.379）。

142 這並非人間帝國的軍隊。見 Thomas, *Revelation 8~22*, p.46。任何試圖用「東方」軍事強國（如中國或蘇聯，軍隊有二萬萬？）來解釋第六號者，乃誤將這「二萬萬馬軍」的靈界勢力當作是人間帝國軍力來看。同樣的，用現代化武器（如坦克車或飛機）來解讀第五號的「蝗蟲」，也是犯了用人類武力來了解邪靈勢力的錯誤。這兩號都有相同的特徵：先有使者被釋放（九 1～6，13～16）和接連著的解說（九 7～10 用尾巴傷人的「戰馬」；九 17～19 用口和尾巴傷人的「馬軍」），兩者都有飛鷹宣告為「禍哉」（九 12，十一 14），也都描繪邪靈勢力。

143 第 1 世紀的羅馬軍隊（包括後勤）約有 20 萬。見 Lane, *Baker Encyclopedia of the Bible*, 2 vols., 1:197。

144 神兒女真有福分和權柄（九 4；林前六 3）！耶穌將權柄賜給門徒，他們可以去踐踏蛇和蠍子（路十 19），但在第五、六號上帝賜權柄給蠍子和蛇去踐踏沒有神印記的人。

接著，第六號（和第七號）與「三樣災禍」的關係，能為我們提供更準確的理據，來掌握末世「耶和華的日子」如何應驗。從有關於「禍哉」的上下文看（八 13，九 12），過了第二個災禍後（十一 14），緊接著第七號的敘述中，並沒有出現讀者必然會期望的審判，也沒有出現第七印的「寂靜」[145]，卻出現整本聖經久盼的「我主和主基督國度降臨」的宣告和慶祝（十一 15～19），不免讓一些學者認為第三個「禍哉」是十二、十三章插曲中的審判（遂特）或十六章的七碗（白克偉、華福德、賴德、湯瑪斯），甚至十二至二十章的所有末世事件（查理斯）。但是將十一章 15 至 19 節當作第三個災禍仍然最妥當[146]，因為[147]：

I. 從十一章 15 節的宣告「世上的國成了我主和主基督的國」，其中第一個希臘字 **'Εγένετο**（“there were”）開始到十一章 19 節為止，這個代表著等待將來要完成的簡單過去式動詞（aorist），就一直是整段第七號經文的主要動詞形式，意味著第七號所描繪的信息，將在第七號宣告後便會發生，正如約翰親身所聽到的（神的奧秘成全在第七號之後，十 7）一樣；
II. 第七號所描繪的二十四長老敬拜的情境和敬拜的理由是上帝「全能者作王」了（十一 16～17），和巴比倫被毀滅、大淫婦被火燒後的情境、理由完全相同（十九 4、6）；
III. 「神的忿怒」的經文集中出現在每個七印、七號、七碗

145 因此以單純的重述要點方式來讀七印、七號、七碗的模式與經文的描繪不符合。

146 主張的學者如：Beasley-Murray、Johnson、Beale 和 Osborne。見 Osborne, *Revelation*, p.438。

147 Osborne, *Revelation*, pp.438~449.

的尾端（六 16～17，十一 18，十四 8、10、19，十五 1、7，十六 1、19，十九 15），而且都有代表著上帝顯現在寶座前的「閃電、聲音、雷轟、地震、大雹」的情境（八 5，十一 19，十六 18～21，參四 5）；

IV. 那代表著上帝掌管過去、現在、將來的經文描繪「昔在、今在、以後永在」（一 4、8，四 8），在第七號中被轉移為「昔在、今在」（十一 17），經文明顯強調：永恆已經來臨，不再是未來式。

以上特徵顯示，第七印（延伸第六印神的忿怒）、第七號（基督國度降臨）、第七碗（巴比倫的傾倒）[148]、基督的二次降臨（十九 11～12）應是末世同時間要發生的事，之後應該就是進入千禧年國度了。因此，七印、七號、七碗的關係以漸進集中性讀法較為合適。

7.6.5. 3 位天使的宣告與「耶和華的日子」

十四章 6 至 12 節上帝派 3 位天使宣告祂給「各國各族各方各民」最後悔改的機會（可十三 10）。宣告後不久，巴比倫城就傾倒了（十四 8），永恆的刑罰也等待著那些跟從撒但的人（十九 17～21，二十 9、14～15）。仔細分析，就可以發現這 3 位天使的宣告是彼此呼應而且逐步推展[149]。首先，十四章 7 節先行宣告審判，但審判的原因和內容在十四章

148 第六碗所描繪的，並不是一場已經發生的戰爭，而是準備開戰的「哈米吉多頓」戰爭。這戰爭真正展開的經文在十七章 14 節和十九章 19 節，見下文。

149 Osborne, *Revelation*, p.533.

8 節呈現（原因：「巴比倫大城[150] 叫萬民喝邪淫、大怒之酒[151]」，內容：「巴比倫大城傾倒了、傾倒了」)，並在十四章 9 節來陳述審判的對象（「若有人拜獸和獸像，在額上或在手上受了印記」)，接著十四章 10 至 11 節說明審判的細節(「這人也必喝神大怒的酒；此酒斟在神忿怒的杯中純一不雜。他要在聖天使和羔羊面前，在火與硫磺之中受痛苦。他受痛苦的煙往上冒，直到永永遠遠。那些拜獸和獸像，受牠名之印記的，晝夜不得安寧。」)

從七印、七號、七奇跡、七碗的關係來看，十四章中天使宣告整卷啟示錄的宣教主題後（十四 6～7)，與「耶和華的日子」直接關連的經文通通出現。(1) 上帝的「審判的時候到了」(十四 7 即十一 18)；(2)「傾倒了！大巴比倫傾倒了！它曾經叫列國喝它淫亂烈怒的酒。」(十四 8 即十六 19，亦即十八 2、21)；(3) 「若有人拜獸和獸像……這人也必喝神大怒的酒；此酒斟在神忿怒的杯中純一不雜。」(十四

150 Heater（1998: 233~243） 試圖從舊約角度來倡導，末世古巴比倫將（完全照字義解）被恢復。但 Aune（*Revelation* 6~16, p.831）指出，亞歷山大大帝原先計劃以巴比倫為他所建立帝國的新首都，但約翰將這「大城」連結到悖教的耶路撒冷和羅馬（十一 8），並掛在敵基督的首都「巴比倫」下。因此，巴比倫應當代表著人間帝國的集體代表（十七章），正如尼布甲尼撒王所夢如「人」樣的金像（但二章），巴比倫乃為首（代表）。

151 因著啟示錄裏有「地上君王喝了（巴比倫）淫亂的酒」（十七 2、4），和「上帝忿怒的酒杯」（十四 10，十六 19，十九 15），學者（如遂特、貝克威瑟、畢斯理・慕瑞、湯瑪斯、孟斯、奧斯邦）等認為「叫萬民喝邪淫大怒之酒」含有兩層意義：因著巴比倫使天下列國喝了那叫人沉醉、癲狂的淫亂之酒杯（耶五十一 7），因此惹起上帝公義的忿怒(故此十四章 10 節稱這杯為「神忿怒的杯」。另見十四 19，十五 1、7，十六 1、19，十九 15)。見 Osborne, *Revelation*, pp.538~539。

8 即十四 19～20，即十六 19，也等於十九 15）；（4）這些人「在火與硫磺之中受痛苦。他受痛苦的煙往上冒，直到永永遠遠。」（十四 10～11 即十九 20）。因此，這三位天使的宣告與巴比倫的傾倒（第七碗，十七～十八章）、基督再次降臨（十九 11～15）[152]、迎娶祂的新婦（十九 7～9）、跟從敵基督的人將成為上帝為大鳥所預備的大筵席桌上的「佳餚」（十九 17～18）、用硫磺火湖審判拜獸者（十九 19～20），應同屬「耶和華的日子」的應驗。因此第七印、第七號、第七奇跡、第七碗，應當是同一個事件的不同角度的預言。

7.6.6. 七碗與「耶和華的日子」

和前四號一樣，七碗的前四碗回應出埃及記的十災，而且都線性、連續地由陸地、海上、內陸江河到天空。災害的比例沿著七印、七號、七碗的逐次降臨而提高：七印的災害比例為四分之一，七號的災害比例為三分之一，但是七碗的比例是百分之百。不像七印、七號對人僅僅間接的傷害，七碗乃直接倒在人身上（十六 2、8、21），因為到了七碗，神的忿怒已經完全顯現（十五 1、7，十六 1、19）。此外，七碗也是按著順序發展著（progression）：從自然災害（前四碗和前四印、前四號相同）到第五碗直接審判獸的寶座，第六碗哈米吉多頓的列國戰爭，再到第七碗巴比倫的毀滅（並由十七至十八章詳細描繪）。到了第七碗，上帝被稱為「昔在、今在的聖者」（沒有「以後永在」十六 5；參十一 17），原來

---

152 因著「神忿怒的大酒醉」的宣告，Osborne 正確地指出十四章 20 節是十九章 15 節「基督再次降臨」的預告（*Revelation*, pp.538~541, 555~556, 593, 685~686）。

「你的公義作為已經顯明了。」公義的時代終於來到（十五4，十六7）[153]！

7.6.7. 「哈米吉多頓」戰爭與「耶和華的日子」

第六碗與第六號平行，都與伯拉大河相關。學者對於第六碗中「伯拉大河河水乾了」、給「從日出之地所來的眾王預備道路」（十六12）有幾種解釋[154]：(1) 伯拉大河確實會乾，因此東方（蘇聯？中國？）諸王將聯合普天下眾王，逼迫信徒（華福德、賽司、湯瑪斯）；(2) 已過派認為這是帕提亞人進攻羅馬帝國的史實（福特、邱爾頓）；(3) 東方眾王將如當初的帕提亞人一般，與世上眾王爭戰，並準備與十七至十八章的羅馬帝國爭戰（查爾斯、畢斯理．慕瑞、克勞黛爾、孟斯、基沈）；(4) 畢爾藉著廣義（普世）的象徵解，主張上帝將興起「古列」以聯合東方諸王，經歷「伯拉大河」

153 支持不信者的靈魂會被消滅（annihilationism/conditionalism）的，有 John Stott、Fudge、Philp Hughes、Clark Pinnock、Michael Green、Earle Ellis 和 Robert Brow 等，他們強調上帝的慈愛，主張上帝不是苦毒的惡婆婆（torturer）。但是從十四章 11 節和二十章 10 節所描繪「他們必須受苦直到永永遠遠」看（參但七 9～11），靈魂會被消滅（annihilation）的看法並不合聖經本意（Osborne, *Revelation*, p.724）。傳統的看法（支持者有特土良、奧古斯丁、阿奎那、路德、加爾文、愛德華茲、衛斯理、Fraincis Pieper、Berkhof、Chafer、艾歷森和 R. A. Peterson 等）主張，在「耶和華的日子」臨到前，上帝已經給予機會，甚至在白色大寶座的審判之前，上帝還給了千禧年的機會。在末日，祂公義的作為顯明出來了（十五 4），豈不合宜？見 Fudge and Peterson, *Two Views of Hell: A Biblical and Theological Dialogue*。

154 Osborne, *Revelation*, p.590.

成為乾地[155]，讓東方要興起的「古列」走直路（賽四十一 2，四十五 13），乃至鼓動歌革和瑪各的爭戰（二十 8），來審判世上眾王（巴比倫為代表，十四 8，十七～十八章），好拯救祂的百姓。

但從第六號和第六碗所描繪的都是邪靈勢力看，地理（幼發拉底大河即伯拉大河；「日出之地」）和歷史背景（帕提亞與羅馬帝國之間的領土衝突史）[156] 應該只是末世事件的象徵引據而已，正如先知（以賽亞和耶利米）藉著象徵解來引用以色列人過紅海時走乾地的歷史事件一樣，因此前 3 種解釋並不合宜。第六碗最適合的解釋乃是東方諸王將聯合世上眾王，在模仿三位一體的撒但、敵基督、假先知（在啟示錄中第一次聯合在一起，十六 13）的迷惑、指使下，與神兒女在哈米吉多頓爭戰（十六 16）。但敵基督、假先知在基督二次降臨後瞬間被擒拿，扔在硫磺火湖裏（十九 19～20）；撒但且被捆綁在無底坑中（二十 1～3），千禧年後被釋放出來的牠（二十 7），於歌革和瑪各與神兒女作最後一搏（二十 8，如同結三十八～三十九章）[157]。

因此，在第六碗中，撒但、敵基督、假先知以模仿三

155 如同上帝當年為救以色列民逃出巴比倫的捆綁，行了「乾了河」的能力。Beale, *The Book of Revelation*, pp.827~829。

156 從維斯帕先當羅馬皇帝後，帕提亞人就一改之前的敵對立場，試圖與日趨強大的羅馬帝國修好。約翰寫啟示錄時，帕提亞人可能趁著幼發拉底河（即：伯拉河）枯乾、交通便利的機會，聯合東方諸王向多米田皇帝示好（Aune, *Revelation 6~16*, p.893）。

157因此 Beale 的解釋（第四種）也與經文不吻合，因為，第六碗所預告要發生的「哈米吉多頓」戰爭中（參十七 14，十九 19，二十 9），神兒女要經歷的是被攻擊，而非被拯救。

位一體的姿態出現，聯合普天下眾王（十六 12～16，十七 12～13，十八 9，十九 18），聚集在「哈米吉多頓」，這戰爭就是「基督再次降臨」後戰爭的預告（十九 17～21），也是六章 17 節所預言的「上帝和羔羊忿怒的大日」（即十六 14「全能者的大日」和舊約的「耶和華的日子」；見結三十八～三十九章；亞十二～十四章；珥二 11，三 2；帖後二 8）。但是到「那日」，基督一出現（十九 11～16），瞬間敵基督（獸）和假先知即被擒拿，扔在硫磺火湖裏，而基督口中的利劍以迅雷不及掩耳的速度，擊殺那佈好陣、卻毫無反擊能力的世上眾王和眾軍，並讓飛鳥吃了他們。因此，第七印、第七號、第七碗（在第六碗的宣告後，見下文），同屬「耶和華的日子」的應驗[158]。

7.6.8. 第七碗與「耶和華的日子」

第六碗並不是一個災害，而是宣告一個災害，這個災害發生在第七碗（十六 17～十八 24）。這第七碗將人間歷史帶到盡頭，它涵蓋前面第七印、第七號所預先宣告的末日。第六印宣告了上帝忿怒顯現中「耶和華的日子」的風暴（六 12～17），第七印宣告上帝即將要施行的末世審判（八 1），第七號也是在上帝顯現的襯托下（十一 19），宣告了上帝永遠的國度（十一 15）、祂的掌權（十一 17）和祂將施行忿怒的審判（十一 18）。這些宣告，通通在第七碗中出現，包括末世降臨的宣告（十六 17）、上帝風暴中的顯現（十六 18、20～21）和上帝忿怒的審判（十六 19）。第七印、第七號、第七

158 Osborne, *Revelation*, pp.555, 591~593, 668~688.

碗預言的重心在「耶和華的日子」的應驗，宣告人間歷史的結束，準備進入永世[159]。

以上藉著研究啟示錄七印、七號、七碗中幾個關鍵的議題，並比較分析七印、七號、七碗的 4 種解釋方法（象徵性、重述要點性、連續性和漸進集中性），來探討啟示錄的末世預言會如何應驗，人間的歷史會如何結束。結論是：七印、七號、七碗的尾災，正好是舊約中「耶和華的日子」的應驗。過了第七印、第七號、第七碗所預言的災害後，神兒女所盼望的羔羊，將騎著白馬降臨（以全書第一章所描繪，榮耀審判的容貌出現，一 13～16），並要除滅人間一切仇敵（包括撒但[160]、死亡[161]、陰間[162]，何十三 14；林前十五 25～26；約壹三 8），那時，人間歷史以線性的方式進入終點，神兒女得贖的日子近了（路二十一 28；羅八 23；弗四 30）[163]。過了千禧年、白色大寶座的審判之

---

159 Osborne, *Revelation*, p.269.

160 撒但的墮落步驟：從無底坑中被放出來（九 1），從天上墜落，被打到地上（十二 7～9）好迷惑世上列國（十三 14，十八 23），獸和假先知被扔在硫磺火湖中（十九 20），撒但被扔在無底坑（二十 1～3，比九 1 的鑰匙還多了「大鍊子」），最後被扔在硫磺火湖裏（二十 10）。

161 神的兒女只經歷一次死和頭一次的復活。但是不信的人（二十 15 等於「與獸為伍者」；十四 9，他們「名字不在生命冊上的」十七 8）要經歷第二次的復活（二十 5）和第二次的死（二十 14～15），見 Osborne, *Revelation*, pp.717, 724。

162 死亡和陰間也被扔在硫磺火湖中（二十 14）。所以陰間和死亡不是永遠的審判，硫磺火湖才是。

163 英國女詩人羅塞蒂（Christina Rossetti）說：「刀劍雖然為所欲為，卻不過是將殉道者的靈魂送入榮耀裏。」

後，神兒女就可以在天父所預備的完美之城，與最愛他們的主永遠同在了。

附錄：啓示錄大綱

I.　序：一 1～8

　A. 導論：一 1～3

　B. 問安：一 4～6 上

　C. 三一頌：一 6 下～8

II.　第一異象：先知被召寫信給七教會：一 9～三 22（一 10「被靈感動」，ἐν πνεύματι）

　A. 約翰被委任寫信：一 9～11

　B. 委任者耶穌（Commissioner）：一 12～16

　C. 委任的任務：一 17～20

　D. 七封信：二 1～三 22

　　1. 以弗所，二 1～7

　　2. 士每拿，二 8～11

　　3. 別迦摩，二 12～17

　　4. 推雅推喇，二 18～29

　　5. 撒狄，三 1～6

　　6. 非拉鐵非，三 7～13

　　7. 老底嘉，三 14～22

III.　第二異象：神審判之書：四 1～十六 21（四 2「被靈感動」，ἐν πνεύματι）

　A. 神寶座前的敬拜：四 1～11

　　1. 寶座景觀，四 1～6

2. 四活物，四 7～8
3. 二十四長老，四 9～11

B. 羔羊前的敬拜：五 1～14
1. 惟一配得打開書卷的羔羊，五 1～5
2. 羔羊打開書卷，五 6～7
3. 崇拜羔羊之歌，五 8～14

C. 七印：六 1～八 1
1. 前四印：四騎馬者，六 1～8
2. 第五印：殉道者的哭號，六 9～11
3. 第六印：羔羊的忿怒，六 12～17
4. 插曲：七 1～17
   a. 受印的十四萬四千人，七 1～8
   b. 天上無數人的讚美，七 9～17
5. 第七印：天上的沉默，八 1

D. 七號，八 2～十一 19
1. 七號的預備，八 2～6
2. 前四號：宇宙性災害，八 7～12
3. 飛鷹的警告，八 13
4. 第五號／第一災禍：蝗蟲災，九 1～12
   a. 災害的尺度設定，九 1～5
   b. 苦難之折磨，九 6
   c. 蝗蟲的描繪，九 7～10
   d. 蝗蟲的王，九 11
   e. 兩個災害的預言，九 12
5. 第六號／第二災禍：惡魔群眾，九 13～21
   a. 四使者被釋放與惡魔群眾，九 13～16

b. 殺害三分之一人類，九 17～19

c. 其餘人類之剛硬，九 20～21

6. 插曲：輔助異象，十 1～十一 14

a. 天使與小書卷，十 1～11

i. 天使的呼喊，十 1～4

ii. 神的應許，十 5～7

iii. 約翰吃書卷與預言，十 8～11

b. 聖殿之衡量，十一 1～2

c. 兩位見證人，十一 3～14

i. 見證人的威能，十一 3～6

ii. 獸殺見證人，

iii. 十一 7～8

iv. 落井下石者的幸災樂禍，十一 9～10

v. 見證人的復活與昇天，十一 11～12

vi. 地震與恐懼，十一 13

vii. 第三災禍預告，十一 14

7. 第七號：崇拜與預兆，十一 15～19

E. 插曲：七大預兆／奇跡，十二 1～十四 20

1. 婦人生男孩，十二 1～6

a. 婦人與龍，十二 1～4

b. 男孩的降生與逃難，十二 5～6

2. 天上的戰爭，十二 7～12

a. 龍的敗落，十二 7～9

b. 讚美歌，十二 10～12

3. 地上的戰爭，十二 13～17

a. 龍的逼迫與婦人被保守，十二 13～14

b. 龍的動作，十二 15～17

4. 海上來的獸，十三 1～10

a. 其形狀，十三 1～2

b. 其醫治與得全地敬拜，十三 3～4

c. 其逼迫聖徒與得崇拜，十三 5～8

d. 警告，十三 9～10

5. 地上來的獸，十三 11～18

a. 其工作，十三 11～14 上

b. 其形像，十三 14 下～15

c. 獸的印記與數目，十三 16～18

6. 錫安山十四萬四千人的崇拜，十四 1～5

7. 插曲：三位天使宣告即將來的末時，十四 6～13

8. 地上的莊稼，十四 14～20

a. 收割莊稼，十四 14～16

b. 收割葡萄與酒醡，十四 17～20

F. 七碗，十五 1～十六 21

1. 七碗的預備，十五 1～8

a. 情境，十五 1～2

b. 摩西之歌，十五 3～4

c. 聖殿開、七碗賜，十五 5～8

2. 前四碗：超然災害，十六 1～9

3. 第五碗：災臨到獸及其國，十六 10～11

4. 第六碗：獸聚集於哈米吉多頓，十六 12～16

5. 第七碗：最後的毀滅，十六 17～21

IV. 第三異象：最後的得勝，十七 1～二十一 8（十七 3，「被靈感動」，ἐν πνεύματι）

A. 巴比倫受審判，十七 1～十九 5
  1. 大淫婦，十七 1～18
    a. 淫婦騎朱紅色獸，十七 1～6
    b. 淫婦的被毀滅，十七 7～18
      i. 淫婦的解釋，十七 7～8
      ii. 七頭的解釋，十七 9～11
      iii. 十角的解釋，十七 12～13
      iv. 羔羊最後的得勝，十七 14～18
  2. 即將毀滅的宣告，十八 1～24
    a. 巴比倫的荒涼，十八 1～8
    b. 君王、客商、水手的哀悼，十八 9～20
    c. 毀滅的命定，十八 21～24
    d. 讚美之歌，十九 1～5
B. 最後的勝利，十九 6～二十一 8
  1. **我聽見**羔羊的婚娶，十九 6～10
  2. **我觀看彌賽**亞第二次出現，十九 11～16
  3. **我又看見**天使邀飛鳥赴筵席，十九 17～18
  4. **我看見**獸及軍隊被騎白馬者滅，十九 19～21
  5. **我又看見**撒但受捆綁，二十 1～3
  6. **我又看見**殉道者掌權千年，**看見**撒但的末日，二十 4～10
  7. **我又看見**白色大寶座審判，二十 11～15
  8. **我又看見**新天新地，二十一 1
  9. **我又看見**新耶路撒冷，二十一 2
  10. **我聽見**神帳幕在人間，二十一 3～8

V. 第四異象：新耶路撒冷，二十一 9～二十二 5（二十一 10，

「被靈感動」，ἐν πνεύματι）

A. 其描繪，二十一 9～14

B. 其尺寸，二十一 15～17

C. 其妝飾，二十一 18～21

D. 其榮耀，二十一 22～27

E. 生命河，二十二 1～2

F. 僕得賞，二十二 3～5

VI. 跋：二十二 6～21

A. 見證，二十二 6～9

B. 審判，二十二 10～15

C. 呼召，二十二 16～17

D. 警告，二十二 18～19

E. 禱告頌榮，二十二 20～21

參考書目

專論

Allen, L. *Joel.* The New International Commentary on the Old Testament. Grand Rapids: Eerdmans, 1976.

Appold, M.I. *The Oneness Motif in the fourth Gospel.* Tübingen, 1976.

Archer, G. *Daniel* in The Expositor's Bible Commentary. Ed. F. E. Gaebelein. Grand Rapids: Zondervan, 1985.

Aune, D.E. *Prophecy in Early Christianity and the Ancient Mediterranean World.* Grand Rapids: Eerdmans, 1983.

_______. *Revelation 1~5.* Word Biblical Commentary. Dallas, TX: Word Books, 1997.

_______. *Revelation 6~16.* Word Biblical Commentary. Dallas, TX: Word Books, 1998.

_______. *Revelation 17~22.* Word Biblical Commentary. Dallas, TX: Word Books, 1998.

Bauckham, R.J. *The Climax of Prophecy*. Edinburgh: T & T Clark, 1993.

_______. *The Theology of the Book of Revelation.* Cambridge: Cambridge University Press, 1993.

_______. *God Crucified.* Grand Rapids: Eerdmans, 1998.

Bavinck, H. *The Last Things: Hope for This World and the Next*. Ed. John Bolt. Tr. John Vriend. Grand Rapids: Baker, 1996.

Beale, G.K. *John's Use of the Old Testament in Revelation.* Journal for the Study of the New Testament Supplement Series, 166. Sheffield: Sheffield Academic Press, 1998.

_______. *The Book of Revelation* in The New International Greek Testament Commentary. Grand Rapids: Eerdmans, 1998.

_______. *The Use of Daniel in Jewish Apocalyptic Literature and in the Revelation of St. John*. Lanham, MD: University Press of America, 1984.

Beasley-Murray, G.R. *Revelation*. The New Century Bible Commentary. Grand Rapids: Eerdmans, 1974.

Beckwith, I.T. *The Apocalypse of John. Studies in Introduction*. New York: Macmillan, 1919.

Beckwith, R. *The Old Testament Canon of the New Testament Church*. Grand Rapids: Eerdmans, 1985.

Biblin, C.H. *The Book of Revelation. The Open Book of Prophecy*. Good News Studies 34. Collegeville: Liturgical, 1991.

Bock, D.L. Ed. *Three Views on the Millennium and Beyond*. Grand Rapids: Zondervan, 1999.

Boring, M.E. *Revelation*. Interpretation. Louisville: John Knox Press, 1989.

Bousset, W. *Die Offenbarung Johannis*. Meyer 16. 5th Ed. Göttingen: Vandenhoeck und Ruprecht, 1986.

Boyer, P. *When Time Shall Be No More: Prophecy Belief in Modern American Culture*. Cambridge: Harvard University Press, 1992.

Bright, J. *A History of Israel*. Philadelphia: Westminster, 1959.

Caird, G.B.A. *A Commentary on the Revelation of St. John the Divine*. Harper's New Testament Commentaries. New York: Harper & Row, 1966.

Carson, D, D. Moo & L. Morris. *An Introduction to the New Testament*. Grand Rapids: Zondervan, 1992.

Carson, D.A. *The Gospel According to John*. Grand Rapids: Eerdmans, 1991.

Charles, R.H. *A Critical and Exegetical Commentary on the Revelation of St. John*. International Critical Commentary. 2 vols. Edinburgh: T & T Clark, 1920.

_______. *Studies in the Apocalypse*. Edinburgh: T & T Clark, 1913.

Childs, B.S. *Introduction to the Old Testament As Scripture*. Philadelphia: Fortress Press, 1979.

Chilton, D.C. *The Days of Vengeance: An Exposition of the Book of Revelation*. Fort Worth: Dominion, 1987.

Cimok, Fatih. *A Guide to the Seven Churches*. Istanbul: A Turizm Yayinlari, 1998.

Collins, A.Y. *Crisis and Catharsis. The Power of the Apocalypse.* Philadelphia: Westminster, 1984.

_______. *The Apocalypse.* New Testament Message 22. Wilmington: Glazier, 1979.

_______. *The Combat Myth in the Book of Revelation.* Harvard Dissertations in Religion. No. 9. Missoula, Mont. Scholars Press, 1976.

_______. *The Apocalypse.* Wilmington: Glazier, 1979.

Court, J.M. *Myth and History in the Book of Revelation.* Atlanta: John Knox, 1979.

Cowley, R.W. *The Traditional Interpretation of the Apocalypse of St John in Ethiopian Orthodox Church.* Cambridge: Cambridge UP, 1983.

Davis, J. *Biblical Numerology.* Grand Rapids: Baker, 1968.

Deissmann, G.A. *Light from the Ancient East.* New York: Hodder and Stoughton, 1908.

Dowley, Tim. Ed. *Eerdmans' Handbook to The History of Christianity.* Grand Rapids: MI. Eerdmans, 1988.

Edmonds, Anna G. *Turkey's Religious Sites.* 2nd ed. Istanbul: Damko Publications, 1998.

Edmonds, Everett C. Blake & Anna G. *Biblical Sites in Turkey.* Istanbul: SEV, 1997.

Elwell, W.A., ed., *Baker Encyclopedia of the Bible.* 2 vols. Grand Rapids: Baker, 1988.

Fanning, B. *Verbal Aspect in New Testament Greek.* Oxford: Clarendon, 1990.

Farrer, A. *A Rebirth of Images. The Making of St. John's Apocalypse.* Boston: Beacon, 1963.

Farrer, A.M. *The Revelation of St. John the Divine.* Oxford: Clarendon, 1964.

Fee, Gordon D, Douglas Stuart. *How to Read the Bible for All Its Worth. A Guide for Understanding the Bible.* Grand Rapids: Zondervan, 1981.

Fekkes, J. *Isaiah and Prophetic Traditions in the Book of Revelation: Visionary Antecedents and Their Development.* Journal for the

Study of the New Testament Supplement 93. Sheffield: Sheffield Academic Press, 1994.

Fiorenza, E.S. *Revelation: Vision of A Just World.* Proclamation Commentaries. Minneapolis: Fortress Press, 1991.

_______. *The Apocalypse.* Chicago: Franciscan Herald Press, 1976.

_______. *The Book of Revelation. Justice and Judgment.* Philadelphia: Fortress, 1985.

Ford, J.M. *Revelation.* The Anchor Bible 38. Garden City: Doubleday, 1975.

Fudge, E.W., R. A. Peterson. *Two Views of Hell: A Biblical and Theological Dialogue.* Downers Grove: IVP, 2000.

Fuller, Robert. *Naming the Antichrist: The History of an American Obsession*(n.d.; n.p.).

Gentry, Jr., K.L. *Before Jerusalem Fell. Dating the Book of Revelation.* Tyler: TX. ICE, 1989.

Giblin, C.H. *The Book of Revelation.* Collegeville: Liturgical Press, 1991.

Giesen, H. *Die Offenbarung des Johannes.* Regensburger Neues Testament. Regensburg: Friedrich Pustet, 1979.

Godet, F. *Commentary on the Gospel of St. John.* 3 vols. Edinburgh: T & T Clark, 1899~1900.

Goldingay, John E. *Daniel.* Word Biblical Commentary. Dallas, TX: Word Books, 1989.

Gundry, R.H. *The Church and the Tribulation.* Grand Rapids: Zondervan, 1973.

Gunkel, H. *Schöpfung und choas in Urzeit und Endzeit.* Göttingen: Vandenhoeck und Ruprecht, 1895.

Guthrie, D. *New Testament Introduction.* Rev. ed. Downers Grover: IVP, 1990.

_______. *New Testament Theology.* Downers Grove, Il: IVP. 1981.

Halver, R. *Der Mythos im Letzten Buch der Bibel.* Theologische Forschung, vol. 32. Hamburg-Bergstedt: Herbert Reich Evangelischer Verlag, 1964.

Harrington,W.J. *Revelation.* Sacra Pagina. Collegeville, Minnesota: Liturgical Press, 1993.

Harrison, E.F. *Introduction to the New Testament.* Grand Rapids: Eerdmans, 1964.

Hartman, L.F, A.A. Di Lella. *The Book of Daniel.* The Anchor Bible 23. Garden City: Doubleday, 1978.

Hemer, C.J. *The Letters to the Seven Churches of Asia in Their Local Setting.* Journal for the Study of the New Testament Supplement Series 11. Sheffield: JSOT, 1986.

Hendriksen, W. *More Than Conquerors.* Grand Rapids: Baker, 1982.

Hildebrandt, Wilf. *An Old Testament Theology of the Spirit of God.* Peabody: Hendrickson, 1995.

Hoekema, A.A. *The Bible and the Future.* Grand Rapids: Eerdmans, 1979.

Hort, J.A. *The Apocalypse of St. John I~III.* London: Macmillan, 1908.

Hughes, P.E. *Interpreting Prophecy.* Grand Rapids: Eerdmans, 1981

_______. *The Book of Revelation.* Grand Rapids: Eerdmans, 1990.

Joyner, Rick. *The Final Quest.* Charlotte, NC: Morning Star, 1996.

Kaiser, Walter C. Jr. *Toward an Old Testament Theology.* Grand Rapids: Zondervan, 1978.

Kealy, S.P. *The Apocalypse of John.* Wilmington: M/G, 1987.

Kiddle, M, M. K. Ross *The Revelation of St. John.* Moffatt New Testament Commentary. London: Hodder and Stoughton, 1940.

Kline, M.G. *Images of Spirit.* Grand Rapids: Baker, 1980.

Koester, Craig R. *Revelation and the End of All Things.* Grand Rapids: Eerdmans, 2001.

Kraft, H. *Die Offenbarung des Johannes.* Handbuch zum Neuen Testament 16a. Tübingen: Mohr, 1974.

Krodel, G.A. *Revelation. Augsburg Commentary on the New Testament.* Minneapolis: Augsburg, 1989.

Kümmel, W.G. *Introduction to the New Testament.* Tr. H.C. Kee. Nashiville: Abingdon Press, 1975.

Ladd, G.E. *A Commentary on the Revelation of John.* Grand Rapids: Eerdmans, 1972.

Lewis, D.J. *3 Crucial Questions about the Last Days.* Grand Rapids: Baker, 1998.

Lindsey, H. *There's a New World Coming.* New York: Bantam, 1975.

Lohse, E. *Die Offenbarung des Johannes*. Das Neue Testament Deutsch. Gottingen: Vandenhoeck & Ruprecht, 1960.

Mazzaferri, F.D. *The Genre of the Book of Revelation from a Source-Critical Perspective*. Berlin/ New York: Walter de Gruyter, 1989.

McGinn, B. *Antichrist: Two Thousand Years of the Human Fascination with Evil*. (n.d.; n.p.)

Metzger, Bruce M. *Breaking the Code*. Nashville: Abingdon, 1993.

Michaels, J.R. *Interpreting the Book of Revelation.* Grand Rapids: Baker Book House, 1992.

_______. *Revelation* in The IVP New Testament Commentary Series. Downers Grove, Il: InterVarsity Press, 1997.

Mickelsen, A.B. *Interpreting the Bible.* Grand Rapids: Eerdmans, 1963.

Morris, Leon. *The Apocalypse*. Ann Arbor: Servant Publications, 1992.

_______. *The Revelation of St. John*. Tyndale New Testament Commentary. Rev. ed. Grand Rapids: Eerdmans, 1987.

Motyer, J.A. *The Prophecy of Isaiah: An Introduction and Commentary.* Downers Grove, Il: InterVarsity, 1993.

Mounce, R.H. *The Book of Revelation*. The New International Commentary on the New Testament. Rev. ed. Grand Rapids: Eerdmans, 1998.

Moyise, Steve. *The Old Testament in the Book of Revelation*. Journal for the Study of the Old Testament Supplement Series 115. Sheffield: Sheffield Academic Press, 1995.

Nicholls, D. *Deity and Domination.* London and New York: Routledge, 1989.

Osborne, Grant R. *Revelation*. Baker Exegetical Commentary on the New Testament. Grand Rapids: Baker, 2002.

_______. *The Hermeneutical Spiral.* Downers Grove: InterVarsity Press, 1991.

Pate, C.M. Ed. *Four Views on the Book of Revelation.* Grand Rapids: Zondervan, 1998.

Payne, J.B. *The Theology of the Old Testament.* Grand Rapids: Zondervan, 1962.

Poythress, V.S. *The Returning King.* Phillipsburg: P & R Publisher, 2000.

Prigent, P. *L'Apocalypse de Saint Jean.* 2nd edition. Geneva: Labor et Fides, 1988.

Ramm, B. *Protestant Biblical Interpretation.* 3rd. Ed. Grand Rapids: Baker, 1970.

Ramsay, William M. *The Letters to the Seven Churches.* Reprint. Grand Rapids: Baker, 1979.

Rengstorf, K.H. *Theological Dictionary of the New Testament.* Vol. III, ed. G. Kittel and G. Friedrich. Grand Rapids: Eerdmans, 1964-76.

Resseguie, J.L. *Revelation Unsealed: A Narrative Critical Approach to John's Apocalypse.* Biblical Interpretation Series 32. Leiden/Boston/Köln: Brill, 1998.

Rissi, M. *The Future of the World: an Exegetical Study of Revelation 19:11~22:15.* Studies in Biblical Theology 2/23. London: SCM, 1972.

Robertson, A.T. *A Grammar of the Greek New Testament in the Light of Historical Research.* New York: Hodder and Stoughton, 1914.

Robinson, J.A.T. *Redating the New Testament.* Philadelphia: Westminster, 1976.

Roloff, J. *The Revelation of John.* A Continental Commentary. Trans. J.E.Alsup. Minneapolis: Fortress Press, 1993.

Rowland, C. *The Open Heaven. A Study of Apocalypticism in Judaism and Early Christianity.* London: SPCK, 1982.

Ruiz, J.P. *Ezekiel in the Apocalypse. The Transformation of Prophetic Language in Revelation 16.17~19.10.* European University Studies 23. Frankfurt: Peter Lang, 1989.

Schüssler, Fiorenza E. *The Book of Revelation: Justice and Judgment.* Philadelphia: Fortress, 1985.

Seiss, J.A. *The Apocalypse.* Grand Rapids: Zondervan, 1957.

Smalley, S.S. Thunder and Love: *John's Revelation and John's Community.* Milton Keynes, England: Word, 1994.

Stauffer, E. *Christ and the Caesars.* Tr. K. and R. Gregor Smith. London: SCM Press, 1955.

_______. *New Testament Theology.* London: SCM, 1955.

Sterrett, T.N. *How to Understand Your Bible.* Downers Grove: InterVarsity Press, 1974.

Stuart, Douglas. *Hosea-Jonah.* Word Biblical Commentary 31 Waco, TX: Word Books, 1987.

Sweet. J.P.M. *Revelation.* Westminster Pelican Commentaries. Philadelphia: Westmister, 1979.

Swete, H.B. *The Apocalypse of St. John.* 3rd. ed. London: Macmillan, 1911.

Talbert, C.H. *The Apocalypse: A Reading of the Revelation of John.* Louisville: Westminster John Knox, 1994.

Tarn, W.W. *Hellenistic Civilization.* 3rd ed. revised by G. T. Griffith. N.Y.: Meridian, New American Library, 1975.

Tenney, Merril C. *Interpreting Revelation.* Grand Rapids: Eerdmans, 1957.

Thomas, Robert L. *Revelation 1~7. An Exegetical Commentary.* Ed. Kenneth Barker. Chicago: Moody Press, 1992.

_______. *Revelation 8~22.* Chicago: Moody, 1995.

Thompson, L.L. *The Book of Revelation: Apocalypse and Empire.* Oxford, 1990.

Torrey, C.C. *The Apocalypse of John.* New Haven: Yale University Press, 1958.

Vogelgesang, J.M. *The Interpretation of Ezekiel in the Book of Revelation.* Ph.D. Dissertation. Cambridge. MA. Harvard University, 1985.

Wall, R.W. *Revelation.* New International Biblical Commentary. Peabody, MA: Hendrickson, 1991.

Walvoord, John F. *The Revelation of Jesus Christ.* Chicago: Moody, 1966.

Wenham, Gordon J. *Genesis 1~15.* Word Biblical Commentary. Waco, TX: Word, 1987.

Westcott, B.F. *The Gospel According to St. John.* Reprint. Grand Rapids: Eerdmans, 1971.

Wood, Leon. *The Bible & Future Events.* Grand Rapids: Zondervan, 1980.

Yamauchi, Edwin *The Archaeology of New Testament Cities in Western Asia Minor*. Grand Rapids: Baker, 1980.

Zahn, T. *Introduction to the New Testament*. 3 vols. Grand Rapids: Kregal, 1953.

丁立介著。《啟示錄研究》。台北：紹人叢書，1954 年。

巴克萊著。《啟示錄注釋》。文國偉譯。兩冊。香港：基督教文藝出版社，1986。

巴斯德著。《聖經研究一》。楊牧谷譯。1992 年，修訂版。

戈登．費依與道格樂思．史督華合著。《讀經的藝術》。魏啟源、饒孝榛譯。台北：華神出版社，1999 年。

包衡著。《啟示錄神學》。鄧紹光譯。香港：基道出版社，2000 年。

司徒德著。《基督眼裡的教會》。香港：福音證主，1978 年。

史伯誠著。《神旨意的完成》。美國：見證書室，1982 年，二版。

何慕義著。《啟示錄講經記略》。香港：中華神學院，1979 年。

何賡詩著。《耶穌基督的啟示》。香港：證道，1953 年。

吳華青著。《真理的奧祕》。台北：中國主日協會，1989 年。

吳獻章著。《聖經真密碼——啟示錄新解》。台北：華神出版社，1999 年。

_______。《跨世紀的英雄》。台北：天恩，2000 年。

柯樓士編。《千禧年四觀》。李經寰譯。台北：華神出版社，1985 年。

胡里昂著。《聖經與末世事件》。褚永華譯。香港：天道書樓，1995 年，四版。

計志文著。《啟示錄透視》。香港：聖道，1982 年。

韋恩．郝思著。《基督教神學與教義圖表》。華神出版社譯。台北：華神出版社，1999 年。

倪柝聲著。《啟示錄要義》。台北：台灣福音書房，1993 年。四版。

_______。《默想啟示錄》。兩冊。台北：福音書房，1983 年。

唐佑之著。《永恆》。香港：浸信會出版社，1984 年。

徐思學著。《啟示錄釋義》。浙江神學院教學講義。出版社、日期不詳。

格蘭・奧斯邦著。《基督教釋經學手冊》。劉良淑譯。台北：校園，1999 年。

張永信著。《但以理書注釋》。香港：宣道出版社，1994 年。

_______。《從預言看末世》。香港：福音證主，1992 年。

_______。《啟示錄注釋》。香港：宣道出版社，1990 年。

畢維廉著。《但以理書講解——從福音角度看但以理書》。沈其光譯。台北：華神出版社，2002 年。

莫理斯著。《啟示錄》。陳詠譯。丁道爾新約聖經註釋。台北：校園，1990 年。

莊遜著。《啟示錄研經導讀》。聶錦勳譯。香港：天道，1994 年。

許偉立著。《預言釋微》。李保羅譯。香港：天道書樓，1981 年。

陳終道著。《啟示錄的七教會》。香港：宣道出版社，1983 年，修訂版。

陳嘉式著。《啟示錄——其歷史、文學與神學》。台北：永望文化，2002 年。

陳濟民著。《未來之鑰——啟示錄注釋》。香港：中國神學研究院，1995 年。

華倫・魏斯比著。《作個得勝者》。王小玲譯。台北：學園傳道，1988 年。

華德凱瑟著。《舊約神學探討》。廖元威等譯。台北：華神出版社，1987 年。

黃丹尼著。《末世大災難》。台北：導向雜誌，1989 年。

黃彼得著。《基督教的末世論》。印尼瑪琅東南亞神學院，1988 年。

_______。《認識得勝的基督：啟示錄教義釋經》。台北：校園書房，1995 年。

黃錫木著。《基督教典外文獻概論》。香港：國際聖經協會，2000 年。

黃錫木編著。《四福音與經外平行經文合參》。香港：國際聖經協會，2000 年。

楊石林著。《啟示錄講解》。台北：大光，1992 年。

_______。《啟示錄講解》。美國德州：宣道出版社，1992 年。

楊牧谷著。《基督書簡：啟示錄的七教會書信》。台北：校園書房，1990 年。

楊紹唐著。《得勝與得賞》。南京：中國各大學基督徒學生聯合會，1950 年，三版。

楊濬哲著。《啟示錄講義》。香港：靈水，1983 年。

賈玉銘著。《拔摩異象》。嘉義：宣道社，1961 年。

雷克・喬納著。《末日決戰》。劉如菁譯。台北：以琳，1999 年。

翟輔民著。《啟示錄講義》。香港：宣道出版社，1965 年。

劉蘊遜審。《聖人傳記一》(*Lives of the Saints*)。公教真理學會編譯。台北：思高聖經學會出版社，1993 年，四版。

鮑維均、黃錫木、羅慶才、張略、岑紹麟著。《聖經正典與經外文獻導論》。香港：基道出版社、國際聖經協會，2001 年。

簡亦微著。《明日之歌》。香港：宣道出版社，1986 年。

魏司道著。《啟示錄研究》。趙中輝譯。台北：基督教改革宗翻譯社，1978 年。

羅秉祥著。《黑白分明》。香港：宣道出版社，1994 年，四版。

蘭姆博士著。《基督教釋經學》。詹正義譯。美國活泉出版社，1993 年。

文章

Alexander, R.H. "Ezekiel." Pages 735~996 in vol.6 of *Expository Bible Commentary*. Grand Rapids: Zondervan, 1986.

Aune, David "The Influence of Roman Imperial Court Ceremonial on the Apocalypse of John." *Biblical Research* 28 (1983): 5~26.

Beale, G.K. "Revelation." Pages 318~336 in *It is Written. Scripture Citing Scripture. Essays in Honour of Barnabas Lindars*. Eds. D. A. Carson and H. G. M. Williamson. Cambridge: Cambridge University Press, 1988.

_______. "A Response to Jon Paulien on the Issue of the Old Testament in Revelation." *Andrews University Seminary Studies* 39 (2001): 23~34.

_______. "Questions of Authorial Intent, Epistemology, and Presuppositions and Their Bearing on the Study of the Old Testament in the New. A Rejoinder to Steve Moyise." *Irish Biblical Studies* 21 (1999): 23~34.

_______. "The Interpretative Problem of Rev. 1.19." *Novum Testamentum*, 34 (1992): 360~387.

Boadt, L. "Book of Ezekiel." Pages 711~722 in vol.2 of *Anchor Bible Dictionary*. New York: Doubleday, 1992.

Boring, "The Theology of Revelation: The Lord Our God the Almighty Reigns." *Interpretation* 40 (1986): 257~269.

Botha, P.J.J. "God, Emperor Worship and Society: Contemporary Experiences and the Book of Revelation." *Neotestamentica* 22 (1988): 87~102.

Bowman, J.W. "Book of Revelation." Pages 64~65 in vol.4 of *Interpreter's Dictionary of the Bible*. New York: Abingdon Press, 1962.

_______. "The Revelation to John: Its Dramatic Structure and Message." *Interpretation* 9 (1955): 436~453.

Brewer, David I. "Three Weddings And A Divorce: God's Covenant With Israel, Judah and the Church." *Tyndale Bulletin* 47.1 (1996): 1~25.

Bruce, F.F. "Prophetic Interpretation in the Septuagint." Pages 539~546 in *The Place is Too Small for Us*. Ed. R. P. Gordon. Winona Lake. ID: Eisenbrauns, 1995.

_______. "Revelation." Pages 1593~1629 in the *International Bible Commentary*. Ed. By F. F. Bruce, H. L. Ellison, and G. C. D. Howley. Grand Rapids: Zondervan, 1986.

Carnegie, David R. "Worthy is the Lamb. The Hymns in Revelation." Pages 243~256 in *Christ the Lord*. Ed. H. H. Rowdon. Downers Grove: Il. IVP Press, 1982.

Charlesworth, James H. "The Jewish Roots of Christology: The Discovery of the Hypostatic Voice." *Scottish Journal of Theology* 39 (1986): 19~41.

Charlesworth, M.R. "The Flavian Dynasty." *Cambridge Ancient History* 11 (1936): 41~42.

Cheung, Paul W. "The Mystery of Revelation 17:5 & 7: A Typological Entrance." *Jian Dao* 18 (2002): 1~19.

Collins, A.Y. "Revelation, Book of." Pages 694~708 in vol.5 of *Anchor Bible Dictionary*. David N. Freedman. Ed. New York: Doubleday, 1992.

Collins, J.J. "The Apocalypse." Pages 996~1016 in *The New Jerome Biblical Commentary*. Englewood Cliffs, NJ: Prentice Hall, 1968.

_______. "Toward the Morphology of a Genre." *Semeia* 14 (1979): 1~20.

Davis, D.R. "The Relationship between the Seals, Trumpets, and Bowls in the Book of Revelation." *Journnal of Evangelical Theological Society* 16 (1973): 152~157.

Deutsch, C. "Transformation of Symbols. The New Jerusalem in Rv 21^{3}—22^{5}." *Zeitschrift für die neutestamentliche Wissenschaft* 78 (1987): 106~126.

Fekkes, Jan III. "His Pride Has Prepared Herself. Revelation 19~21 and Isaiah Nuptial Imagery." *Journal of Biblical Literature* 109/2 (1990): 269~287.

Ford. J.M. "The Christological Function of Hymns in the Apocalypse of John." Pages 207~229 in *Andrews University Seminary Studies*, 1998.

Gentry, K.L. "Postmillennialism." Pages 13~57 in *Three Views on the Millennium and Beyond*, ed. D. L. Bock. Grand Rapids: Zondervan, 1999.

Giblin, C.H. "Revelation 11.1~13. Its Form, Function and Contextual Integration. " *New Testament Studies* 30 (1984): 433~459.

_______. "Structural and Thematic Correlations in the Theology of Revelation 16~22." *Biblica* 55 (1974): 487~504.

Hanson, P. "Old Testament Reexamined." *Interpretation* 25 (1971): 463~468.

Hartman, L. "Survey of the Problem of Apocalyptic Genre." in D. Hellholm. ed. *Text-Centered New Testament Studies*. Wissenschaftliche Untersuchungen zum Neuen Testament 102 Tübingen: Mohr, (1997): 97~99.

Heater, H. "Do the Prophets Teach That Babylon Will Be Rebuilt in the Eschaton?" *Journal of the Evangelical Society* 41 (1998): 233~243.

Hellholm, D. "The Problem of Apocalyptic Genre and the Apocalypse of John." *Semeia* 36 (1986): 13~64.

Jeremias, "Har Magedon [Apc. 16.16]" *Zeitschrift für die neutestamentliche Wissenschaft* 31 (1932): 73~77.

Johnson, Alan F. "Revelation" Pages 397~603 in vol.12. of *The Expositor's Bible Commentary*. Grand Rapids: Zondervan, 1981.

Kerkeslager, A. "Apollo, Greco-Roman Prophecy, and the Rider on the White Horse in Rev 6.2." *Journal of Biblical Literature* 112 (1993): 116~121.

Lambrecht, J. "A Structuration of Revelation 4.1~22.5." Pages 79~80 in *L'Apocalypse johannique et l'apocalyptique dans le Nouveau Testament.* Edited by J. Lambrecht. BETL. Louvain: Louvain University Press, 1980.

_______. "The Opening of the Seals (Rev 6.1~8.6)." *Biblica* 79 (1998): 208~220.

LaVerdiere, E. "Discovering the Book of Revelation—XII: The Complementary Visions (7:1~17) and the Seventh Seal (8:1~6)." *Emmanuel* 105 (1999): 541~543, 546~552.

_______. "Discovering the Book of Revelation—XIII: the First Six Trumpets (8:7~9:21)." *Emmanuel* 105 (1999): 604~607, 612~615.

Mathewson, Dave "A Re-Examination of the Millennium in Rev 20.1~6. Consummation and Recapitulation." *Journal of the Evangelical Theological Society* 44/2 (June, 2001): 237~251.

Moffat, J. "The Revelation of St. John the Divine." Pages 279~494 in vol.5 of *The Expositor's Greek Testament.* Grand Rapids: Eerdmans, 1951.

Mounce, "The Christology of the Apocalypse." *Foundation* 11 (1968): 42~51.

Moyise, S. "Authorial Intention and the Book of Revelation." *Andrews University Seminary Studies* 39 (2001): 35~40.

Mussies, G. "The Greek of the Book of Revelation." Pages 167~170 in vol.53 of *L'Apocalypse johannique et L'Apocalyptique dans le Nouveau Testament.* Bibliotheca Ephemeridum Thèologicarum Lovaniensium. Ed. J. Lambrecht. Gembloux: Leuven University Press, 1980.

Nichols, Stephen J. "Prophecy Makes Strange Bedfellows. On History of Identifying the Antichrist." *Journal of the Evangelical Theological Society* 44/1 (March 2001): 75~85.

Paulien, J. "Dreading the Whirlwind. Intertextuality and the Use of the Old Testament in Revelation." *Andrews University Seminary Studies* 39 (2001): 5~21.

Poythress, V.S. "Genre and Hermeneutics in Rev. 20:1~6." *Journal of the Evangelical Theological Society* 36 (1993): 41~54.

_______. "Hermeneutical Factors in Determining the Beginning of the Seventy Weeks. (Dan 9.25)." *Trinity Journal* 6 (1985): 131~149.

Rainbow, P. "Jewish Monotheism as the Matrix for the New Testament Christology: A Review Article." *Novum Testamentum* 33 (1991): 78~91.

Rand, Du. "'Your Kingdom Come on Earth As It Is in Heaven': The Theological Motif of the Apocalypse of John." *Neotestamentica.* 31 (1997): 68~74.

Räisänen, H. "The Clash Between Christmas Styles of Life in the Book of Revelation." Pages 154~161 in *Mighty Minorities? Minorities in Early Christianity—Positions and Strategies.* ed. D. Hellholm, H. Moxnes, and T. Karlsen Seim. Oslo: Scandinavian University Press=ST49, 1995.

Reddish , M. G. "Martyr Theology in the Apocalypse." *Journal for the Study of the New Testament* 33 (1988): 85~95.

Rowland, C. "The Vision of the Risen Christ in Rev. i. 13ff.: The Debt of an Early Christology to an Aspect of Jewish Angelogy." *Journal of Theological Studies* 31 (1980): 1~11.

Schnabel, E. "John and the Future of the Nations." Paper presented at the fifty-first annual meeting of the Evangelical Theological Society, Boston, 1999.

Silva, Moses. "Old Testament in Paul." Pages 630~642 in *Dictionary of Paul and His Letters.* Eds. G. F. Hawthorne, R. Martin and D. G. Reid. Downers Grove: IVP Press, 1993.

Steinmann, A.E. "The Tripartite Structure of the Sixth Seal, the Sixth Trumpet, and the Sixth Bowl of John's Apocalypse. (Rev. 6:12~7:17, 9:13~11:14, 16:12~16)." *Journal of the Evangelical Society* 35 (1992): 70~76.

Thomas, R.L. "The Structure of the Apocalypse: Recapitulation or Progression." *Master's Seminary Journal* 4 (1993): 45~65.

Tremper Longman III. "The Divine Warrior: The New Testament Use of an Old Testament Motif" *Westminster Theological Journal* 44 (1982): 290~307.

Turner, D.L. "The New Jerusalem in Revelation 21.1~22.5. Consummation of a Biblical Continuum." In *Dispensationalism,*

Israel and the Church. The Search for Definition. Eds. A. C. Blasing and D. L. Bock. Grand Rapids: Zondervan, 1992.

Wu, Timothy San-Jarn. "A Literary Study of Isaiah 63~65 and Its Echo in Revelation 17~22." Unpublished Dissertation. Deerfield: Trinity International University, 1995.

Vanni, U. "Un esempio di dialogo liturgico in Ap 1:4~8." *Biblica* 57 (1976): 453~476.

Vögtle, Anton. "Der Gott der Apokalypse." Pages 377~398 in *La Nation Biblique De Dieu.* Leuven University Press, 1976.

Wright, N.T. "Monotheism, Christology and Ethics: 1 Corinthians 8." Pages 120~136 in *The Climax of the Covenant : Christ and the Law in Pauline Theology*. Minneapolis: Fortress, 1991.

吳獻章著。〈以賽亞書中的聖靈〉。《聖靈古今論》。許宏度編。台北：華神出版社，1999 年。

周兆真著。〈千禧年解釋——回顧與再思〉。《建道學刊》，12 (1999)。

______。〈偉大的老師：啟示錄作者的特性〉。《神學與生活》，24 (2001)。

經文索引

聖經經文

典外文獻經文

四劃

五劃

六劃

九劃

十一劃

十五劃

主題及詞彙索引

六劃

七劃

八劃

九劃

十劃

十一劃

十二劃

十三劃

十四劃

十五劃

十六劃

十七劃

十八劃

十九劃至二十五劃

英漢名詞對照表

Accommodation Theory 調節適應原理
Acropolis 衛城
Adam, Clarke 柯拉克
Against Heresies 《反駁異端》
Allusion 典故
Annals 《編年史》
Antecedent 前述詞
Antiochus Epiphanes 安提阿古四世
Apocalypse 啟示文學
Apocalypse of Baruch 《第二巴錄啟示錄》
Appold, M.I. 亞波德
Augustine 奧古斯丁
Augustus 奧古斯都
Aune, D.E. 歐尼
Barclay, William 巴克萊
Bauckham, R.J. 包衡
Beale, G.K. 畢爾
Beasley-Murray, G.R. 畢斯理慕瑞
Beckwith 白克偉
Beecher 畢察
Bengel, J.H. 班革爾
Berkhof, L. 伯克富
Berkouwer, G.C. 柏寇偉
Boettner, L. 博納
Boring, M.E. 鮑林
Bousset, W. 布瑟
Bowman, J.W. 鮑曼
Bruce F.F. 布魯斯
Busmell J.O. 布斯梅
Caird, G.B. 凱爾德
Caligula 加里古拉
Calkins, Raymond 卡爾金斯
Call 呼召
Carrington 卡林頓
Challenge 挑戰
Character 身分
Charles, R.H. 查理斯
Chiastic Structure 交錯配列結構
Chilton, D.C. 邱爾頓
Christ-centered 基督為中心
Chronology 年表
Classical Dispensationalism 古典時代派
Claudius 革老丟
Commission 委任
Condemnation 責備
Consecutive 連續性

Intercalation 插曲
Intertextuality 文本互涉
Irenaeus 愛任紐
Ironside 艾恩賽
Jerome 耶柔米
Joachim of Floris 費奧尼的約雅斤
John, Calvin 加爾文
Johnson, A.F. 詹森
Josephus 約瑟夫
Julius Caesar 猶流・凱撒大帝
Justin 游斯丁
Kaiser W.C. Jr. 凱瑟
Kealy, S.P. 凱利
Kiddle, M 克度爾
Kline, M.G. 克林
Krodel, G.A. 克勞黛爾
Kuyper 該柏爾
Ladd, G.E. 賴德
Lange 蘭之
Lenski 藍斯基
Lightfoot 萊特富特
Luther, Martin 馬丁路德
Lysimachus 拉西馬德斯
Metaphor 暗喻
Metzger, B.M. 麥子格
Michaels, J.R. 麥克斯
Midrashic 米大示
Milligan, William 米利根
Minear, P.S. 米尼爾
Monotheism 獨一神論
Moo 穆
Morgan, Campbell G. 摩根
Morris, Henry 莫瑞士
Mounce, R.H. 孟斯
Mueller, G. 慕勒
Multiple Fulfillment 重複應驗
Nee, Watchman 倪柝聲
Nero 尼祿
NA^{26} (Nestle-Aland, Novum Testamentum-26) 內斯尼和亞蘭希臘語新約
Newton, B.W. B.W.紐頓
Olivet Discourse 橄欖山上的講道
Onias III 奧尼亞三世
Osborne, G.R. 奧斯邦
Otho 奧索
Papias 帕皮厄斯
Parody 諷刺詩文
Parousia 再來
Parthians 帕提亞人
Pattern 原型
Payne, J. Barton 彭巴頓
Philo 斐羅
Pierre, Lestringant 列斯催恩甘
Plato 柏拉圖
Plutarch 蒲魯他克
Polycarp 坡旅甲
Polycrates 坡律加得斯
Poythress, V.S. 波特瑞斯
Preterist 當時派或已過派
Progressive Concentration 漸進集中性
Progressive Dispensationalism 漸進時代派
Proof Text 鐵證

Rapture 被提
Realized Eschatology 目前的世代
Redeemer 救贖萬民的羔羊
Reese, A. 瑞斯
Remnant 餘民
Repetition 重複
Revelational 啟示的
Rossetti, Christina 羅塞蒂
Ryrie, C.C. 賴理
Salamis 薩拉米
Scofield 司可福
Scroggie 司谷奇
Second Book of Baruch 《巴錄二書》
Seiss, J.A. 賽司
Semler, J.S. 舍姆勒
Sibylline Oracles 《西卜神諭篇》
Signs 奇跡
Simile 明喻
Simpson, A.B. 宣信
Smalley, S.S. 史莫利
Solecism 不規則語法
Spiritualist 靈意派
Strong A.H. 史特朗
Sweet J.P.M. 史維特
Swete, H.B. 遂特
Symbol 象徵／表徵
Symbolic 象徵性
Tacitus 塔西圖
Talbert, C.H. 塔爾波特
Targum 他爾根
Temporal 時間
Tenney, M.C. 滕理
Tent 天幕
Tertullian 特土良
The Great Tribulation 大災難
Thomas R.L. 湯瑪斯
Tiberius 提庇留
Titus 提多
Torrey, C.C. 陶瑞
Trajan 他雅努
Transcendence 超越性
United Bible Societies' Greek New Testament Third Corrected Edition 聯合聖經公會希臘語聖經第三版
Verbal links 鑰詞
Vespasian 維斯帕先
Vesuvius 維斯威火山
Visions 異象
Vitellius 威特留
Vogelgesang, J.M. 弗格斯森
Walvoord, John 華福德
Westcott 衛斯特寇特
Whitehead 懷海德
Wilcock, Michael 魏克思
Wisdom of Jesus Ben Sirach 《便西拉智訓》
Woe 災禍
Wood, L. 伍德
Wyclif 威克理夫
Young, E.J. 楊以德
Zeus 宙斯

作者簡介

吳獻章，台灣大學土木工程學士（1979）及碩士（1983）、美國伊利諾大學香檳城工程博士（1989，主修理論應用力學）、芝加哥三一神學院道學碩士（1992）及哲學博士（1995）、神學院實習處主任（1997~1998）、延伸部主任（1999~2002）。曾任新加坡神學院客座講師（1994），現任台北中華福音神學院專任講師（1995 迄今），主修舊約，著重兩約間經文引用，並主授舊約課程和啟示錄。著有《舊約英雄本色》、《聖經真密碼——啟示錄新解》、《跨世紀英雄》等。

讀者意見表

緊扣時代　服事教會

以文字傳揚基督真道

衷心多謝你購買本社書籍。本社一直致力以出版事工服事教會，幫助信徒扎根於神的話語，促進靈命增長。為使我們的出版更能滿足你的需要，請填寫下列各項資料，並寄回或傳真予本社。

所購書籍：＿＿＿＿＿＿＿＿

本書最吸引你的地方：

□作者　□適切性　□文筆　□設計　□實用性

□其他：＿＿＿＿＿＿＿＿

購買本書地點：

□基道書樓　□基督教書店　□非基督教書店

性別：□男　□女　職業：＿＿＿＿＿＿＿＿

信仰：□基督徒　□非基督徒

年齡：□ 16 歲或以下　□ 17～25 歲　□ 26～35 歲　□ 36～55 歲　□ 56 歲或以上

學歷：□中三或以下　□中五　□預科　□大學　□研究院

□我欲更多了解基道出版社的事工及考慮支持，請寄給我下列資料：

□機構簡介　□新書資料　□基道會員通訊

□《基道文字事工通訊》

姓名：＿＿＿＿＿＿＿＿ 電話：＿＿＿＿＿＿＿＿

地址：＿＿＿＿＿＿＿＿

＿＿＿＿＿＿＿＿

傳真：＿＿＿＿＿＿＿＿ 電子郵件：＿＿＿＿＿＿＿＿

其他意見：＿＿＿＿＿＿＿＿

＿＿＿＿＿＿＿＿

多謝賜教！

意見表可以傳真（2687-0281）或直接郵寄以下地址：
香港沙田火炭坳背灣街26號富騰工業中心1011室
基道出版社編輯部收